서강한국어

THIRD EDITION

WORKBOOK

1B

머리말

<서강한국어 Workbook 1A·1B>는 <서강한국어 Student's Book 1A·1B>의 부교재입니다. 학습자가 교실에서 배운 내용을 자가 학습하며 복습할 수 있도록 구성하였습니다.

<서강한국어 Workbook 개정 3판>은 기존 <서강한국어 Workbook>을 사용하신 선생님들과 학생들의 요구를 반영하여 다음과 같이 개편하였습니다.

1. <서강한국어 Student's Book>의 어휘·문법 페이지에서 말하기로 연습했던 내용을 써 볼 수 있는 연습 활동을 수록하였습니다.

2. <서강한국어 Student's Book>의 말하기 대화 1·2·3을 복습할 수 있는 연습 활동을 수록하였습니다.

3. <서강한국어 Student's Book> 읽고 말하기·듣고 말하기의 내용 이해 질문('나'번 문제)을 수록하여 말한 내용을 써 보도록 하였습니다.

4. <서강한국어 Student's Book> 듣고 말하기의 녹음 파일을 들으면서 스크립트 빈칸을 채워 볼 수 있는 연습 활동을 수록하였습니다.

5. 학습자의 최신 요구에 맞춰 TOPIK 유형으로 구성한 퀴즈를 2단원마다 수록하였습니다.

6. 말하기 인터뷰 시험 질문 목록과 더불어 TOPIK 말하기 시험 유형 질문을 수록하였습니다.

7. 학습자가 스스로 정답을 확인할 수 있도록 다양한 대답이 가능한 질문보다는 정확한 답이 있는 문제로 구성하였습니다.

8. 최근 학습자의 요구에 맞춰 효율적인 지면 구성으로 책의 두께를 기존보다 줄였습니다.

이 책이 한국어 학습자들에게 교실에서 배우는 내용을 체계적으로 학습하며 집에서 자기주도적 학습을 할 수 있는 교재가 되었으면 합니다. 또한 한국어 교수자들에게는 효율적인 피드백을 할 수 있는 유용한 교재가 되기를 바랍니다.

서강교수법의 밑거름이 된 <서강한국어> 초판과 뉴시리즈를 기획, 총괄하신
고(故) 김성희 선생님께 이 책을 바칩니다.

2024년 8월
서강대학교 한국어교육원 1급 연구개발진 일동

2

Sogang Korean Workbook 1A & 1B accompanies the Student's Book. It is designed for learners to study and review the material covered in the classroom.

The Workbook for the third edition of *Sogang Korean* has been revised in the following ways in response to feedback from teachers and learners who have used previous editions of the workbook.

1. The Workbook now includes writing exercises for material already covered in speaking exercises on the vocabulary and grammar page of *Sogang Korean Student's Book 1A & 1B*.

2. The Workbook now includes exercises for reviewing the three speaking dialogues in the Student's Book.

3. The Workbook now includes a question (under the heading "나") testing comprehension of the reading and speaking section and the listening and speaking section in the Student's Book, encouraging students to write what they have already practiced saying.

4. The Workbook now includes exercises for filling in the blanks of the listening and speaking scripts in the Student's Book while listening to recordings of those dialogues.

5. A TOPIK-style quiz now appears once every other chapter to serve the needs of students today.

6. The Workbook now includes a list of questions for the speaking interview test, along with sample questions for the TOPIK speaking test.

7. Multiple-choice questions are used instead of open-ended questions so that students can check their own answers.

8. Page layout is optimized to make the book thinner as many students have requested.

We hope that the Workbook will help learners systematically reinforce classroom lessons through self-guided home study. We also hope it will provide Korean language teachers with a convenient way to give their students feedback.

This book is dedicated to the memory of the late Kim Song-hee, who helped plan and supervise the first and second editions of the Sogang Korean series, laying the foundation for Sogang's unique pedagogical approach.

August 2024
Level one curriculum development team
Sogang University Korean Language Education Center

내용 구성표

과	제목	기능	말하기	
			문법	어휘
1	한강 공원이 아주 넓었어요	장소 소개하기	동-(으)ㄹ 수 있어요/없어요 동 형-아/어야 해요 형-아/어요	형용사①
2	가벼운 노트북 없어요?	쇼핑하기	형-(으)ㄴ 명 동 형-지 않아요 동-아/어 보세요	형용사②
			1~2과 복습 / 퀴즈	
3	우리 같이 서울을 구경할까요?	약속 정하기	명하고 동 형-고 동-(으)ㄹ까요?①	여가 활동
4	언제 한국에 오셨어요?	인터뷰하기	동 형-(으)세요② 동 형-(으)셨어요	신체
			3~4과 복습 / 퀴즈	
5	스키 탈 줄 알아요?	취미 말하기	동-(으)ㄹ 줄 알아요/몰라요 동-거나 동 형-지만	운동과 악기
6	이거보다 더 긴 우산이에요	묘사하기 비교하기	동-고 있어요 못 동 명보다 더	색깔
			5~6과 복습 / 퀴즈	
7	맛집 좀 추천해 주세요	요청하기 경험 말하기	동-아/어 주세요 동-아/어 드릴게요 동-아/어 봤어요	한국 음식
8	말하기 수업이 재미있어서 좋았어요	이유 말하기 계획 말하기	동 형-아/어서 동 형-지요? 동-(으)려고 해요	이유
			7~8과 복습 / 퀴즈	

대화	읽고 말하기	듣고 말하기
같이 갈 수 있어요? 서류를 만들어야 해요 한강 공원이 어땠어요?	서울 생활이 아주 마음에 들어요	지금 부동산에 가야 해요
가벼운 노트북 없어요? 맵지 않아요? 한번 입어 보세요	남대문 시장은 큰 시장이에요	깨끗한 방을 찾아요
인사동하고 북촌에 가고 싶어요 같이 등산할까요? 같이 점심 먹고 산책해요	친구들하고 월드컵 공원에 갔어요	우리 같이 축제에 갈까요?
매운 음식을 좋아하세요? 어디가 아프세요? 어느 나라에서 오셨어요?	할머니는 방에서 주무세요	지난주에 왜 학교에 안 오셨어요?
운동을 하거나 음악을 들어요 어렵지만 재미있어요 테니스 칠 줄 아세요?	영어를 아주 잘합니다 동 형 -ㅂ/습니다	요즘 테니스를 배워요
지금 숙제하고 있어요 친구를 못 만났어요 빨간색 우산이에요	토끼와 거북	지갑을 찾고 있어요
자리 좀 바꿔 주세요 조금 이따가 추천해 드릴게요 비빔밥 먹어 봤어요?	불고기를 만들었습니다	제가 구워 드릴게요
숙제했지요? 일찍 일어나야 해서 힘들었어요 부산에 여행 가려고 해요	이제 한국어로 이야기할 수 있어요	월요일에 공항에서 만나요

Table of Contents

DIALOGUE	READING & SPEAKING	LISTENING & SPEAKING
Can you go with us? I have to make documents How was Han River Park?	I really like life in Seoul	I have to visit a real estate agent right now
Don't you have any light laptops? Isn't it spicy? Why don't you try them on?	Namdaemun market is a big market	I'm looking for a clean room
I want to go to Insadong and Bukchon Why don't we go hiking together? Let's grab lunch and go for a walk	He went to World Cup Park with his friends	How about going to the festival together?
Do you like spicy food? What are you sick with? What country are you from?	Grandmother is sleeping in her room	Why didn't you come to school last week?
I play sports or listen to music It's difficult but fun Do you know how to play tennis?	I'm very good at English 동 형 -ㅂ/습니다	I'm learning tennis these days
He's doing homework right now I couldn't meet my friend It's a red umbrella	The Tortoise and the Hare	I'm looking for my wallet
Can you seat me somewhere else? I'll recommend some in a little while Have you tried bibimbap?	She made bulgogi	Let me grill it for you
You did your homework, didn't you? I had to get up early, which was hard I'm planning to take a trip to Busan	Now I can speak in Korean	See you at the airport on Monday

일러두기 How to Use This Book

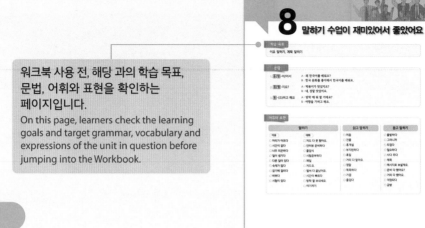

워크북 사용 전, 해당 과의 학습 목표, 문법, 어휘와 표현을 확인하는 페이지입니다.

On this page, learners check the learning goals and target grammar, vocabulary and expressions of the unit in question before jumping into the Workbook.

문법 Grammar

가

Student's Book에서 배운 목표 문법의 형태 연습 문제입니다.

These activities drill the inflections of the target grammar from the Student's Book.

Focus

목표 문법의 형태 변화를 정리한 표입니다.

This table summarizes the inflections of the target grammar.

나

목표 문법의 대화 연습 문제입니다.

These are dialogue exercises for the target grammar.

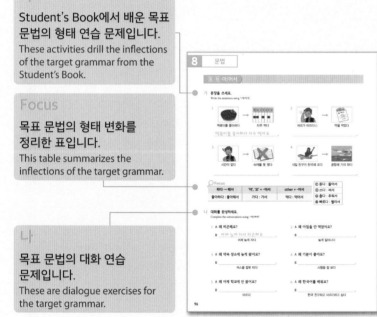

어휘 Vocabulary

어휘

과에 따라 어휘 문제가 추가되는 경우도 있습니다.

Vocabulary exercises are added in some units.

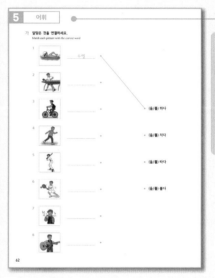

대화 Dialogue

가

빈칸을 채우면서 대화 1·2·3의 내용을 확인합니다.

Fill in the blanks to check the content in the three dialogues.

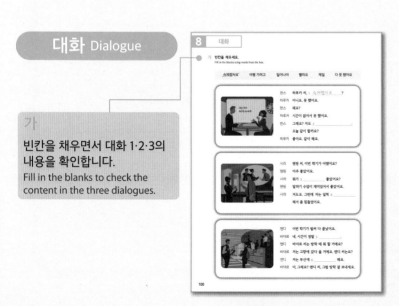

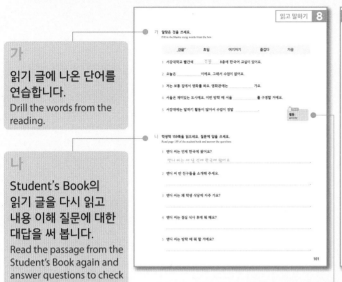

가

읽기 글에 나온 단어를 연습합니다.
Drill the words from the reading.

나

Student's Book의 읽기 글을 다시 읽고 내용 이해 질문에 대한 대답을 써 봅니다.
Read the passage from the Student's Book again and answer questions to check your comprehension.

다

읽기 글을 다시 읽으면서 내용을 복습합니다.
Review the content while reading the passage again.

새 단어 New Vocabulary

Student's Book에서 배우지 않은 새 단어가 나오는 경우 영어 번역을 함께 실었습니다.
English translations are provided for new words not covered in the Student's Book.

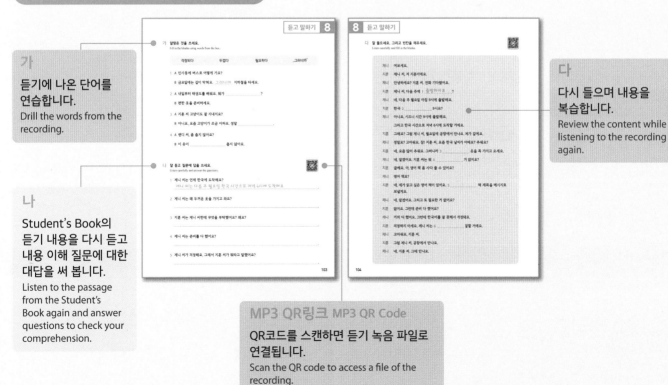

가

듣기에 나온 단어를 연습합니다.
Drill the words from the recording.

나

Student's Book의 듣기 내용을 다시 듣고 내용 이해 질문에 대한 대답을 써 봅니다.
Listen to the passage from the Student's Book again and answer questions to check your comprehension.

다

다시 들으며 내용을 복습합니다.
Review the content while listening to the recording again.

MP3 QR링크 MP3 QR Code

QR코드를 스캔하면 듣기 녹음 파일로 연결됩니다.
Scan the QR code to access a file of the recording.

복습 Review

가

2개 과에서 학습한 목표 문법으로 문형 표를 완성합니다.

Complete the inflection tables with the target grammar from the past two units.

나

2개 과에서 배운 단어를 확인하고 알맞은 단어를 골라 문장이나 대화를 완성합니다.

Look over the words from the past two units and choose the best ones to complete the sentences or dialogues.

다

2개 과에서 배운 표현을 확인하고 알맞은 문장을 골라 대화를 완성합니다.

Look over the expressions from the past two units and choose the best ones to complete the dialogues.

퀴즈 Quiz

읽기 Reading

토픽 유형의 읽기 문제를 연습합니다.

Drill TOPIK-style reading questions.

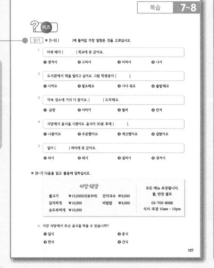

듣기 Listening

토픽 유형의 듣기 문제를 연습합니다.

Drill TOPIK-style listening questions.

MP3 QR링크
MP3 QR Code

QR코드를 스캔하면 퀴즈 듣기 녹음 파일로 연결됩니다.

Scan the QR code to access a file of the recording.

말하기 Speaking

토픽 유형의 말하기 문제를 연습합니다.

Drill TOPIK-style speaking questions.

부록 Appendix

인터뷰 질문지 수록
Interview Questions Included

학습자 성취도를 평가할 수 있는 인터뷰 질문지를 제공합니다.

Sheets of interview questions are provided so that learners can assess their progress.

인터뷰 질문을 주제별로 묶어 제시하였습니다.

Batches of interview questions are provided for various topics.

정답 페이지 수록
Answer Key Included

목차 Contents

1 한강 공원이 아주 넓었어요

장소 소개하기

문법

1. 동-(으)ㄹ 수 있어요/없어요
   A : 잠깐 이야기할 수 있어요?
   B : 미안해요, 지금은 이야기할 수 없어요.

2. 동형-아/어야 해요
   A : 한국에서 1년 동안 공부하고 싶어요.
   B : 그럼 학생 비자를 받아야 해요.

3. 형-아/어요
   A : 한라산이 어때요?
   B : 한라산이 높아요.

어휘와 표현

말하기			읽고 말하기	듣고 말하기
형용사①	문법	대화	☐ 잘 지내요.	☐ 부동산
☐ 높다 …… 높아요	☐ 잠깐	☐ 알겠어요.	☐ 생활	☐ 또
☐ 낮다 …… 낮아요	☐ 들어가다	☐ 다른 약속이 있다	☐ 마음에 들다	☐ 교통이 불편해요.
☐ 많다 …… 많아요	☐ 일주일 동안	☐ 너무	☐ 편하다	☐ 글쎄요.
☐ 적다 …… 적어요	☐ 연습하다	☐ 프로젝트가 있다	☐ 건강 조심하세요.	☐ 가격
☐ 크다 …… 커요	☐ 돈을 찾다	☐ 서류를 만들다	☐ 모두	☐ 늦게까지
☐ 작다 …… 작아요	☐ 약을 먹다	☐ 출장을 가다	☐ 친절하다	☐ 진짜
☐ 싸다 …… 싸요	☐ 문화	☐ 서울을 안내하다	☐ 재미있다	☐ 좋은 집
☐ 비싸다 … 비싸요	☐ 알다	☐ 넓다	☐ 복습하다	
☐ 덥다 …… 더워요	☐ 역사	☐ 경치가 좋다	☐ 학기	
☐ 춥다 …… 추워요	☐ 발음을 잘하다	☐ 바람이 시원하다	☐ 새 집	
☐ 맛있다 … 맛있어요	☐ 비행기표	☐ 푸드 트럭	☐ 집을 찾다	
☐ 맛없다 … 맛없어요			☐ 불편하다	
			☐ 부엌	
			☐ 드림	

통 -(으)ㄹ 수 있어요/없어요

가 문장을 쓰세요.

Look at the picture and write a sentence using '-(으)ㄹ 수 있어요/없어요'.

1

책을 빌리다

➡ 책을 빌릴 수 있어요 .

2

여기에서 자전거를 타다(X)

➡ _____ .

3

강아지하고 같이 들어가다

➡ _____ .

4

일주일 동안 걷다(X)

➡ _____ .

5

사진을 찍다

➡ _____ .

6

같이 놀다(X)

➡ _____ .

🔍 **Focus**

vowel + -ㄹ 수 있어요	consonant + -을 수 있어요
가다 : 갈 수 있어요	먹다 : 먹을 수 있어요

ⓒ 걷다 : 걸을 수 있어요

ⓔ 놀다 : 놀 수 있어요

나 대화를 완성하세요.

Complete the conversations using '-(으)ㄹ 수 있어요/없어요'.

1 수업 후에 같이 한국어 연습할 수 있어요?　(O) 네, 같이 한국어 연습할 수 있어요 .

2 아침에 일찍 일어날 수 있어요?　　　　　(X) 아니요, _____ .

3 친구들 앞에서 춤을 출 수 있어요?　　　　(X) _____ .

4 일요일에 같이 점심을 먹을 수 있어요?　　(O) _____ .

5 수업 시간에 음악을 들을 수 있어요?　　　(X) _____ .

6 주말에 같이 놀 수 있어요?　　　　　　　(O) _____ .

동 형 -아/어야 해요

가 문장을 쓰세요.

Look at the picture and write a sentence using '-아/어야 해요'.

1

말하기를 연습하다

➡ 말하기를 연습해야 해요 .

2

돈을 찾다

➡ _____ .

3

일찍 일어나다

➡ _____ .

4

식사 후에 약을 먹다

➡ _____ .

5

30분쯤 기다리다

➡ _____ .

6

방이 크다☺

➡ _____ .

🔍 Focus

하다 → 해요	'아', '오' + -아야 해요	other + -어야 해요
운동하다 : 운동해야 해요	가다 : 가야 해요	먹다 : 먹어야 해요

ⓒ 듣다 : 들어야 해요

☺ 쓰다 : 써야 해요

나 대화를 완성하세요.

Complete the conversations using '-아/어야 해요'.

1 A 한국 문화를 알고 싶어요.

B 박물관에 가야 해요 .
　　박물관에 가다

2 A 한국어 발음을 잘하고 싶어요.

B _____ .
　　한국 노래를 따라 하다

3 A 옷을 사고 싶어요.

B _____ .
　　홍대에 가다

4 A 한국 회사에서 일하고 싶어요.

B _____ .
　　한국어를 잘하다

5 A 친구가 기분이 안 좋아요.

B _____ .
　　친구 이야기를 듣다

6 A 다리가 아파요.

B _____ .
　　쉬다

📋 new
따라 하다
to repeat
잘하다
to be good at

형 -아/어요①

가 연결하세요.

Match each picture with the correct sentence.

1

산이 높아요.

2

가방이 싸요.

3

날씨가 추워요.

4

사람이 많아요.

5

음식이 맛없어요.

6

방이 커요.

🔍 Focus

하다 → 해요	'아', '오' + -아요	other + -어요	ⓒ 크다 : 커요
조용하다 : 조용해요	높다 : 높아요	적다 : 적어요	ⓑ 덥다 : 더워요

나　'[형]–아/어요'로 바꾸세요.

Rewrite the phrase using '-아/어요'.

1

가방이 비싸다　➡ <u>가방이 비싸요</u>.

2

사람이 적다　➡ ＿＿＿＿＿＿＿.

3

지하철역이 멀다　➡ ＿＿＿＿＿＿＿.

4

음식이 맛있다　➡ ＿＿＿＿＿＿＿.

5

날씨가 덥다✪　➡ ＿＿＿＿＿＿＿.

6

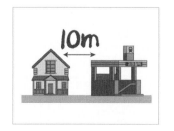

지하철역이 가깝다✪　➡ ＿＿＿＿＿＿＿.

17

가 **빈칸을 채우세요.**
Fill in the blanks using words from the box.

만들이야	탔이요	넓었어요	다른	많았어요	~~좋아요~~

앤디　토요일에 미나 씨하고 한강 공원에 갈 거예요.
　　　같이 갈 수 있어요?

사라　네, 1 <u>좋아요</u>. 같이 가요.

바야르　미안해요. 토요일에 2 ＿＿＿＿＿＿ 약속이
　　　있어요.

앤디　알겠어요. 다음에 같이 가요.

사라　한스 씨, 어제 왜 한강 공원에 안 왔어요?

한스　일이 너무 3 ＿＿＿＿＿＿＿.

사라　정말요? 요즘 바빠요?

한스　네, 프로젝트가 있어요. 그래서 서류를
　　　4 ＿＿＿＿＿＿ 해요.

완　여기가 어디예요?

투안　한강 공원이에요. 지난주에 한강 공원에서
　　　자전거를 5 ＿＿＿＿＿＿.

완　한강 공원요? 한강 공원이 어땠어요?

투안　공원이 아주 6 ＿＿＿＿＿＿.

완　그래요? 저도 한번 가고 싶어요.

가 **알맞은 것을 쓰세요.**
Fill in the blanks using words from the box.

| 마음에 들다 | 불편하다 | 친절하다 | ~~편하다~~ | 모두 |

1 집 앞에 식당, 마트, 은행이 있어요. 아주 <u>편해요</u>.

2 친구들이 미나 씨를 좋아해요. 왜냐하면 미나 씨가 아주 _____.

3 우리 반에는 학생이 _____ 14명 있어요.

4 가방이 _____. 그래서 이 가방을 사고 싶어요.

5 집이 학교에서 멀어요. 그래서 조금 _____.

나 **학생책 27쪽을 읽으세요. 질문에 답을 쓰세요.**
Read page 27 of the student book and answer the questions.

1 누가 누구한테 이메일을 썼어요?
   <u>가브리엘 씨가 정민 씨한테 이메일을 썼어요</u>.

2 가브리엘 씨는 서울 생활이 어때요?
   _____.

3 가브리엘 씨는 요즘 왜 축구할 수 없어요?
   _____.

4 가브리엘 씨는 방학 때 뭐 해야 해요? 왜요?
   _____.

5 가브리엘 씨는 정민 씨하고 뭐 하고 싶어요?
   _____.

다 **알맞은 것을 쓰세요.**
Fill in the blanks using words from the box.

| 건강 | 생활 | 복습하다 | 요리하다 | 찾다 | 재미있다 |

New message ─ □ ✕

To   jmlee@amail.com

Subject   안녕하세요? 가브리엘이에요.

정민 씨, 안녕하세요?

저는 서울에서 잘 지내요. 서울 1 <u>생활</u> 이 아주 마음에 들어요. 새 친구들을 많이 만났어요. 한국 친구들이 모두 친절해요. 한국어 공부가 2 _____. 하지만 좀 어려워요. 그래서 매일 3 _____ 해요.

정민 씨는 브라질 생활이 어때요? 요즘도 축구를 해요? 저는 시간이 없어요. 그래서 축구를 할 수 없어요. 하지만 지난달에 학교에서 태권도를 배웠어요. 태권도가 아주 재미있었어요.

이번 학기가 한 달 후에 끝나요. 방학 때 새 집을 4 _____ 해요. 왜냐하면 지금 집이 좀 불편해요. 방이 너무 작아요. 부엌도 없어요. 그래서 5 _____ 수 없어요. 그리고 집이 학교에서 멀어요. 지하철로 한 시간쯤 걸려요.

정민 씨, 한국에 언제 올 거예요? 정민 씨하고 한국어로 이야기하고 싶어요. 그리고 정민 씨하고 같이 축구도 하고 싶어요.

메일 고마워요.

6 _____ 조심하세요.

가브리엘 드림

Send

가 **알맞은 것을 쓰세요.**
Fill in the blanks using words from the box.

가격	부동산	글쎄요	늦게까지

1 **A** 어디에 가요?

  B 이사하고 싶어요. 그래서 _____부동산_____ 에 가요.

2 **A** _____ 이 얼마예요?

  B 모자 두 개에 5만 원이에요.

3 **A** 한스 씨, 피곤해요?

  B 네, 어제 _____ 회사에서 일했어요.

4 **A** 방학 때 여행 갈 거예요?

  B _____. 잘 모르겠어요.

나 **잘 듣고 질문에 답을 쓰세요.**
Listen carefully and answer the questions.

1 가브리엘 씨가 지금 어디에 가야 해요?

  가브리엘 씨가 지금 부동산에 가야 해요 .

2 가브리엘 씨는 왜 이사하고 싶어요?

  _____ .

3 가브리엘 씨는 집에 어떻게 가요?

  _____ .

4 바야르 씨는 어디에 살아요? 거기가 어때요?

  _____ .

5 집에서 학교가 가까워요. 그럼 뭐가 좋아요?

  _____ .

다 잘 들으세요. 그리고 빈칸을 채우세요.
Listen carefully and fill in the blanks.

바야르 　　가브리엘 씨, 오늘 같이 식사할 수 있어요?

가브리엘 　미안해요. 지금 부동산에 1 <u>가야</u> 　　해요.

바야르 　　부동산에요? 왜요?

가브리엘 　지금 집이 학교에서 좀 2 _____. 그래서 이사하고 싶어요.

바야르 　　가브리엘 씨 집이 어디예요?

가브리엘 　잠실이에요. 한 시간 걸려요.

바야르 　　학교에서 집까지 어떻게 가요?

가브리엘 　신촌 역에서 잠실 역까지 지하철로 가요. 잠실 역에서 집까지 버스를 또 타야 해요. 그래서 교통이 너무 불편해요.

바야르 　　네, 그럼 어디로 이사하고 싶어요?

가브리엘 　글쎄요. 바야르 씨는 어디에 살아요?

바야르 　　저는 학교 앞에 살아요.

가브리엘 　그래요? 학교 앞이 3 _____?

바야르 　　아주 좋아요. 식당하고 카페가 많아요. 그리고 마트도 있어요.

가브리엘 　4 _____ 이 어때요?

바야르 　　좀 비싸요. 하지만 학교가 아주 5 _____. 그래서 아침에 늦게까지 잘 수 있어요. 진짜 편해요.

가브리엘 　그래요?

바야르 　　네, 학교 앞 부동산에도 가 보세요. 좋은 집을 6 _____ 수 있을 거예요.

가브리엘 　고마워요.

2 가벼운 노트북 없어요?

학습 목표

쇼핑하기

문법

1. 형-(으)ㄴ 명
   A : 어떤 가방을 살 거예요?
   B : 큰 가방을 살 거예요.

2. 동형-지 않아요
   A : 집이 멀어요?
   B : 아니요, 멀지 않아요. 가까워요.

3. 동-아/어 보세요
   A : 맛있어요?
   B : 네, 아주 맛있어요. 한번 먹어 보세요.

어휘와 표현

말하기		읽고 말하기	듣고 말하기

말하기

형용사②
- 길다 ·········· 길어요 ········ 긴 바지
- 짧다 ·········· 짧아요 ········ 짧은 바지
- 빠르다 ······· 빨라요 ········ 빠른 버스
- 느리다 ······· 느려요 ········ 느린 버스
- 같다 ·········· 같아요 ········ 같은 옷
- 다르다 ······· 달라요 ········ 다른 옷
- 쉽다 ·········· 쉬워요 ········ 쉬운 시험
- 어렵다 ········ 어려워요 ····· 어려운 시험
- 가볍다 ········ 가벼워요 ····· 가벼운 가방
- 무겁다 ········ 무거워요 ····· 무거운 가방
- 조용하다 ······ 조용해요 ····· 조용한 교실
- 시끄럽다 ······ 시끄러워요 ··· 시끄러운 교실

문법
- 스카프
- 날씨
- 머리
- 과자
- 막걸리
- 아름다운 곳
- 예쁘다
- 멋있다
- 쓰다
- 옷 가게

대화
- 어서 오세요.
- 뭐 찾으세요?
- 선풍기
- 드라이기
- 김치
- 맵다
- 여기요.
- 맛있게 드세요.
- 김
- 짜다
- 귤
- 시다
- 달다
- 이 티셔츠
- 입다
- 색깔
- 치마
- 바지
- 구두
- 운동화
- 부츠
- 신다

읽고 말하기
- 시장
- 액세서리
- 꽃
- 선물
- 거리
- 버스킹
- 유명하다
- 노래방
- 게임 센터

듣고 말하기
- 원룸
- 깨끗하다
- 침대
- 냉장고
- 에어컨
- 세탁기
- 위치
- 바로
- 월세
- 고시원
- 한 달에 45만 원이에요.
- 그럼요.
- 둘 다

형 -아/어요 ②

가 대화를 완성하세요.
Complete the conversations.

1 A 바지가 짧아요?

B 아니요, __길어요__ .

2 A 옷이 같아요?

B 아니요, _____ .

3 A 버스가 빨라요?

B 아니요, _____ . 지하철을 타세요.

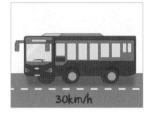

4 A 가방이 가벼워요?

B 아니요, _____ . 25kg이에요.

5 A 교실이 조용해요?

B 아니요, _____ . 학생들이 이야기해요.

6 A 시험이 어려워요?

B 아니요, _____ . 100점이에요.

형 -(으)ㄴ 명

가 문장을 쓰세요.

Look at the picture and write the sentence using '-(으)ㄴ 명'.

1

느리다 [버스]

→ 느린 버스

2

조용하다 [도서관]

→

3

짧다 [바지]

→

4

길다✪ [스카프]

→

5

가볍다✪ [가방]

→

6

맛있다✪ [음식]

→

🔍 Focus

vowel + -ㄴ 명	consonant + -은 명
크다 : 큰	작다 : 작은

ㄹ 길다 : 긴
ㅂ 덥다 : 더운
맛있다 : 맛있는

나 대화를 완성하세요.

Complete the conversations using '-(으)ㄴ 명'.

1 어떤 가방이 있어요?

            큰   가방이 있어요.
☑ 크다 ☐ 작다

2 어떤 날씨를 좋아해요?

날씨를 좋아해요.
☐ 따뜻하다 ☐ 시원하다

3 어떤 집에서 살고 싶어요?

집에서 살고 싶어요.
☐ 크다 ☐ 공원에서 가깝다

4 어떤 영화를 좋아해요?

영화를 좋아해요.
☐ 슬프다 ☐ 무섭다

5 집 근처에 어떤 식당이 있어요?

식당이 있어요.
☐ 유명하다 ☐ 맛있다

6 어떤 카페에 가고 싶어요?

카페에 가고 싶어요.
☐ 조용하다 ☐ 예쁘다

📋 **new**

따뜻하다
to be warm
슬프다
to be sad
무섭다
to be scary

동 형 -지 않아요

가 문장을 쓰세요.

Look at the picture and write the sentence using '-지 않아요'.

1

학생이 많다(X)

➡ 학생이 많지 않아요 .

2

방이 크다(X)

➡ _____ .

3

머리가 길다(X)

➡ _____ .

4

가방이 무겁다(X)

➡ _____ .

5

밤에 커피를 마시다(X)

➡ _____ .

6

음악을 듣다(X)

➡ _____ .

Focus

vowel, consonant + -지 않아요	
비싸다 : 비싸지 않아요	적다 : 적지 않아요

나 대화를 완성하세요.

Complete the conversations using '-지 않아요'.

1 커피를 좋아해요?

아니요, 커피를 좋아하지 않아요 .

2 오늘 운동해요?

아니요, _____ .

3 도서관에 가요?

아니요, _____ .

4 영화를 봐요?

아니요, _____ .

5 아침을 먹어요?

아니요, _____ .

6 서울에서 살아요?

아니요, _____ .

동-아/어 보세요

가 문장을 쓰세요.

Look at the picture and write the sentence using '-아/어 보세요'.

1
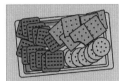
맛있는 과자예요.
한번 먹다

➡ 한번 먹어 보세요.

2

한국 막걸리예요.
한번 마시다

➡ _____.

3

아름다운 곳이에요.
한번 가다

➡ _____.

4

예쁜 치마예요.
한번 입다

➡ _____.

5

멋있는 모자예요.
한번 쓰다☺

➡ _____.

6

좋은 노래예요.
한번 듣다☺

➡ _____.

Focus

하다 → 해 보세요	'아', '오' + -아 보세요	other + -어 보세요
운동하다 : 운동해 보세요	가다 : 가 보세요	먹다 : 먹어 보세요

ⓒ 듣다 : 들어 보세요

☺ 쓰다 : 써 보세요

나 대화를 완성하세요.

Complete the conversations using '-아/어 보세요'.

1 싼 옷을 사고 싶어요. 어디가 좋아요?

동대문 시장에 가 보세요.
동대문 시장에 가다

2 서울에서 어디가 좋아요?

_____.
· 한강 공원에 가다

3 등산하고 싶어요.

_____.
북한산에서 등산하다

4 이 식당에서 뭐가 맛있어요?

_____.
불고기를 먹다

5 운동을 배우고 싶어요.

_____.
태권도를 배우다

6 무슨 영화가 재미있어요?

_____.
'해리포터'를 보다

27

가 빈칸을 채우세요.
Fill in the blanks using words from the box.

| 입어 | ~~찾으세요~~ | 가벼운 | 맵지 | 키요 | 맛있게 |

직원 어서 오세요. 뭐 1 <u>찾으세요</u> ?

렌핑 노트북 좀 보여 주세요.

직원 노트북요? 이거 어때요?

렌핑 좀 무거워요. 2 _____ 노트북 없어요?

직원 그럼 이거 어때요?

렌핑 좋아요. 이거 주세요.

직원 어서 오세요. 맛있는 김치예요.

하루카 3 _____ 않아요?

직원 안 매워요. 한번 먹어 보세요. 여기요.

    …

하루카 와! 맛있어요. 하나 주세요.

직원 네, 여기 있어요. 4 _____ 드세요.

하루카 감사합니다.

완 이 티셔츠 좀 입어 볼 수 있어요?

직원 네, 5 _____ 보세요. 아주 예쁜 티셔츠예요.

완 네. … 크지 않아요?

직원 안 6 _____. 아주 예뻐요.

완 음, 다른 색깔도 있어요?

직원 네, 여기에 다른 색깔도 많아요.

    한번 입어 보세요.

가 알맞은 것을 쓰세요.
Fill in the blanks using words from the box.

거리	꽃	시장	선물	놀다

1 집 앞에 큰 ___시장___ 이 있어요. 거기에서 채소를 사요.

2 명동 _____ 에 가 보세요. 가게들이 많아요.

3 저는 _____ 을 좋아해요. 특히 카네이션을 좋아해요.

4 어제 시험이 끝났어요. 그래서 친구들하고 홍대에서 _____ .

5 백화점에 _____ 을 사러 갈 거예요. 왜냐하면 친구 생일이에요.

> **new**
> 특히
> especially
> 카네이션
> carnations

나 학생책 45쪽을 읽으세요. 질문에 답을 쓰세요.
Read page 45 of the student book and answer the questions.

1 남대문 시장은 어떤 곳이에요?
  남대문 시장은 큰 시장이에요 .

2 남대문 시장에서 뭐 할 수 있어요?
  _____ .

3 남대문 시장 근처에 뭐가 있어요?
  _____ .

4 홍대 거리가 어떤 곳이에요?
  _____ .

5 홍대 거리에서 뭐 할 수 있어요?
  _____ .

6 여러분은 어디에 가고 싶어요? 왜요?
  _____ .

다 알맞은 것을 쓰세요.
Fill in the blanks using words from the box.

| 가게 | 가다 | 먹다 | 가깝다 | 에쁘다 | 재미있다 |

남대문 시장은 큰 시장이에요. 1 <u>가게</u> 들이 아주 많아요. 옷, 안경, 액세서리, 꽃, 과일 가게가 있어요. 한국 여행 선물을 살 수 있어요. 식당이 아주 많아요. 그래서 맛있는 한국 음식도 2 ＿＿＿＿＿＿＿ 수 있어요. 호떡, 칼국수, 만두가 맛있어요. 맵지 않아요. 한번 먹어 보세요. 명동, 남산이 3 ＿＿＿＿＿＿＿. 그래서 명동하고 남산도 구경할 수 있어요.

홍대 거리는 아주 4 ＿＿＿＿＿＿＿ 곳이에요. 버스킹이 유명해요. 노래를 들을 수 있어요. 그리고 춤도 볼 수 있어요. 싼 옷을 살 수 있어요. 그리고 5 ＿＿＿＿＿＿＿ 액세서리도 살 수 있어요. 노래방, 카페, 게임 센터가 있어요. 친구하고 놀고 싶어요? 그럼 홍대 거리에 6 ＿＿＿＿＿＿＿ 해요.

가 알맞은 것을 쓰세요.
Fill in the blanks using words from the box.

냉장고	월세	위치	그럼요

1 A <u>월세</u> 가 얼마예요?

  B 한 달에 45만 원이에요.

2 A 도서관 <u>   </u> 가 어디예요?

  B 기숙사 바로 앞이에요.

3 A 뭐가 불편해요?

  B <u>   </u> 가 작아요. 그래서 과일을 넣을 수 없어요.

> new
> 넣다
> to put in

4 A 오늘 같이 식사할 수 있어요?

  B <u>   </u>. 같이 식사해요.

나 잘 듣고 질문에 답을 쓰세요.
Listen carefully and answer the questions.

1 가브리엘 씨는 어떤 방을 찾아요?   <u>가브리엘 씨는 깨끗한 방을 찾아요</u>.

2 원룸 안에 뭐가 있어요?   <u>   </u>.

3 원룸 위치가 어디예요?   <u>   </u>.

4 고시원 방이 어때요?   <u>   </u>.

5 고시원에서 학교까지 얼마나 걸려요?   <u>   </u>.

6 여러분은 어느 방이 마음에 들어요? 왜요?   <u>   </u>.

다 잘 들으세요. 그리고 빈칸을 채우세요.
Listen carefully and fill in the blanks.

직원	어서 오세요.
가브리엘	안녕하세요? 원룸 좀 보여 주세요.
직원	네, 방이 많아요. 어떤 방을 찾아요?
가브리엘	1 <u>깨끗한</u> 방을 찾아요.
직원	여기 사진 한번 보세요. 이 방 어때요? 아주 깨끗해요.
가브리엘	방이 2 _____?
직원	네, 커요. 방 안에 침대, 책상, 냉장고, 에어컨이 있어요. 그리고 세탁기도 있어요.
가브리엘	위치가 어디예요?
직원	서강대 3 _____ 앞이에요.
가브리엘	월세가 얼마예요?
직원	65만 원이에요. 그런데 집 앞에 큰 공원이 있어요. 참 좋아요.
가브리엘	공원이 있어요? 그런데 좀 비싸요. 4 _____ 방은 없어요?
직원	그럼 이 고시원은 어때요? 한 달에 45만 원이에요.
가브리엘	깨끗해요?
직원	네, 5 _____ 고시원이에요. 그래서 방이 아주 깨끗해요. 그런데 좀 작아요.
가브리엘	방에 화장실이 있어요?
직원	그럼요.
가브리엘	여기에서 서강대학교가 가까워요?
직원	네, 버스로 10분쯤 걸려요.
가브리엘	그럼 걸어서 얼마나 걸려요?
직원	20분쯤 걸려요.
가브리엘	20분요? 음….
직원	6 _____ 않아요.
가브리엘	음, 오늘 둘 다 볼 수 있어요?
직원	그럼요.

가 **다음 표를 완성하세요.**
Complete the following tables.

동-(으)ㄹ 수 있어요/없어요			
운전하다		먹다	
가다		듣다⊙	
마시다		만들다⊙	

동 형-아/어야 해요			
일하다		걷다⊙	
찾다		쓰다⊙	
읽다		다르다⊙	

형-아/어요			
조용하다		크다⊙	
높다		덥다⊙	
느리다		다르다⊙	

형-(으)ㄴ 명			
깨끗하다		길다⊙	
비싸다		어렵다⊙	
작다		맛있다⊙	

동 형-지 않아요			
비싸다		달다	
마시다		짧다	
먹다		듣다	

동-아/어 보세요			
가다		듣다⊙	
마시다		쓰다⊙	
입다		보다⊙	

나　다음 단어를 확인하세요. 그리고 알맞은 것을 쓰세요.
Read over the following words and use them to fill in the blanks.

> ■ 가격　　　■ 부동산　　　■ 생활　　　■ 신물　　　■ 복습하다
> ■ 찾다　　　■ 불편하다　　　■ 유명하다　　　■ 재미있다　　　■ 친절하다

1　집이 너무 작아요. 그래서 이사하고 싶어요. ＿＿＿＿＿＿＿＿ 에 가야 해요.

2　제주도에 여행하러 많이 가요. 제주도는 아주 ＿＿＿＿＿＿＿＿ 섬이에요.

3　친구 생일이에요. 그래서 친구 생일 ＿＿＿＿＿＿＿＿ 을/를 사러 백화점에 갔어요.

4　한국 ＿＿＿＿＿＿＿＿ 이/가 마음에 들어요? 새 친구들을 많이 만났어요?

5　부산에 갈 거예요. 인터넷에서 맛있는 식당을 ＿＿＿＿＿＿＿＿ 거예요.

다　다음 표현을 확인하세요. 그리고 가장 알맞은 것을 쓰세요.
Read over the following sentences and use them to complete the conversations.

> ■ 오늘 같이 식사할 수 있어요?　　　　■ 위치가 어디예요?
> ■ 학교 앞이 어때요?　　　　　　　　■ 서강대 바로 앞이에요.
> ■ 아침에 늦게까지 잘 수 있어요.　　　■ 월세가 얼마예요?
> ■ 진짜 편해요.　　　　　　　　　　■ 걸어서 얼마나 걸려요?
> ■ 좋은 집을 찾을 수 있을 거예요.　　■ 그럼요.

1　A ＿＿＿＿＿＿＿＿＿＿＿＿＿＿＿＿＿ ?

　　B 미안해요. 오늘은 다른 약속이 있어요.

2　A 집이 어디예요?

　　B ＿＿＿＿＿＿＿＿＿＿＿＿＿＿＿＿＿ .

3　A ＿＿＿＿＿＿＿＿＿＿＿＿＿＿＿＿＿ ?

　　B 한 달에 55만 원이에요.

4　A 오늘 같이 숙제할 수 있어요?

　　B ＿＿＿＿＿＿＿＿＿＿＿＿＿＿＿＿＿ .

 퀴즈

읽기 ※ [1~5] ( )에 들어갈 가장 알맞은 것을 고르십시오.

1 지금 돈이 없어요. ( )에 돈을 찾으러 가야 해요.

❶ 식당 ❷ 은행 ❸ 도서관 ❹ 시장

2 친구가 서울에 와요. 친구한테 서울을 ( ) 해요.

❶ 구경해야 ❷ 만들어야 ❸ 안내해야 ❹ 놀아야

3 눈이 많이 왔어요. 그래서 따뜻한 부츠를 ( ).

❶ 입었어요 ❷ 신었어요 ❸ 썼어요 ❹ 탔어요

4 백화점 직원이 예쁜 바지( ) 보여 줬어요.

❶ 가 ❷ 에 ❸ 에서 ❹ 를

5 한스 씨는 새 아파트로 이사했어요. 집이 ( ).

❶ 시원해요 ❷ 유명해요 ❸ 깨끗해요 ❹ 친절해요

※ [6~7] 다음을 읽고 물음에 답하십시오.

To sujanappa@amail.com

아버지, 안녕하세요?

저는 잘 지내요. 서울 생활이 아주 재미있어요. 한국어 공부도 재미있어요.

그런데 지금 집이 너무 작아요. 그리고 부엌이 없어요. 너무 불편해요. (㉠)
지난주에 부동산에서 새 집을 찾았어요. 다음 달에 이사할 거예요. 새 집이 커요. 부엌이
있어요. 요리도 할 수 있어요. 빨리 이사하고 싶어요.

아버지, 정말 보고 싶어요. 크리스마스 때 미국에 돌아갈 거예요. 그때까지 안녕히 계세요.

수잔 올림

6 ㉠에 들어갈 알맞은 말을 고르십시오.

❶ 그리고   ❷ 그래서   ❸ 하지만   ❹ 왜냐하면

7 윗글의 내용과 같은 것을 고르십시오.

❶ 수잔 씨는 지금 서울에서 살지 않아요.   ❷ 수잔 씨는 지난주에 새 집으로 이사했어요.

❸ 수잔 씨는 새 집에서 요리할 수 있을 거예요.   ❹ 수잔 씨 아버지가 수잔 씨에게 메일을 썼어요.

듣기   ※ [8] 다음을 듣고 물음에 답하십시오.

8 무엇에 대해서 말해요? 알맞은 것을 고르십시오.

❶ 가격   ❷ 맛   ❸ 시장   ❹ 집

※ [9~10] 다음을 듣고 물음에 답하십시오.

9 여기는 어디예요? 알맞은 것을 고르십시오.

❶ 학교   ❷ 병원   ❸ 편의점   ❹ 옷 가게

10 들은 내용과 같은 것을 고르십시오.

❶ 여자는 긴 바지를 샀어요.   ❷ 여자는 현금으로 바지를 샀어요.

❸ 여자는 바지를 입어 볼 수 없어요.   ❹ 여자는 짧은 바지가 마음에 들었어요.

말하기   ※ 다음 그림을 보고 방의 모습을 설명하십시오.

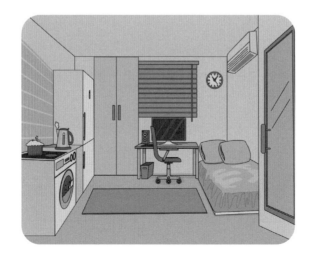

3 우리 같이 서울을 구경할까요?

학습 목표

약속 정하기

문법

1. 명하고

A : 무슨 한국 음식을 좋아해요?
B : 비빔밥하고 불고기를 좋아해요.

2. 동형-고

A : 보통 수업 후에 뭐 해요?
B : 점심 먹고 숙제해요.

3. 동-(으)ㄹ까요?①

A : 내일 같이 영화 볼까요?
B : 네, 좋아요. 같이 봐요.

어휘와 표현

말하기

여가 활동
- 운동하다
- 산책하다
- 등산하다
- 게임하다
- 미술관에 가다
- 콘서트에 가다
- 노래방에 가다
- 영화를 보다
- 공연을 보다
- 사진을 찍다
- 쿠키를 만들다

문법
- 떡볶이
- 반지
- 귀걸이

대화
- 아직 잘 모르겠어요.
- 치킨
- 커피 한잔하다

읽고 말하기

- 나무
- 다 같이
- 이기다
- 다시
- 대답하다
- 둘이서만

듣고 말하기

- 아직 특별한 계획은 없어요.
- 축제
- 다양하다
- 이벤트
- 여러 가지
- 선물을 받다
- 세계 여러 나라 음식
- 공연하다
- 표를 사다
- 무료
- 누구든지
- 일찍부터
- 줄을 서다
- 정문

명 하고

가 문장을 쓰세요.

Look at the picture and write the sentence using '하고'.

1

김밥　　　떡볶이

→ _김밥하고 떡볶이를 먹어요_ .

2

커피　　　녹차

→ _____ 가 있어요 .

3

식당　　　카페

→ _____ 에 갔어요 .

4

반지　　　귀걸이

→ _____ 를 살 거예요 .

🔍 **Focus**

vowel, consonant + 하고	
떡볶이 : 떡볶이하고	김밥 : 김밥하고

나 대화를 완성하세요.

Complete the conversations using '하고'.

1 보통 아침에 뭐 먹어요?

빵하고 과일을 먹어요 .
빵, 과일

2 어제 저녁에 뭐 먹었어요?

_____ .
밥, 김치찌개

new
스페인어
Spanish

3 어느 나라 말을 할 수 있어요?

_____ .
영어, 스페인어

4 생일 때 뭐 받고 싶어요?

_____ .
가방, 핸드폰

5 방에 뭐가 있어요?

_____ .
책상, 침대

6 방학 때 어디에 갈 거예요?

_____ .
부산, 제주도

동 형 -고(현재)

가 문장을 쓰세요.

Look at the picture and write the sentence using '-고'.

1

운동하다　　　　샤워하다

➡ 운동하고 샤워해요 　　　　　　　　　.

2

책을 읽다　　커피를 마시다

➡ 　　　　　　　　　　　　　.

3

음악을 듣다　　　　춤을 추다

➡ 　　　　　　　　　　　　　.

4

음식을 만들다　　　설거지하다

➡ 　　　　　　　　　　　　　.

 Focus

vowel, consonant + -고	
운동하다 + 샤워하다 : 운동하고 샤워해요	책을 읽다 + 커피를 마시다 : 책을 읽고 커피를 마셔요

나 대화를 완성하세요.

Complete the conversations using '-고'.

1 보통 저녁 때 뭐 해요?

식사하고 텔레비전을 봐요 　　　　　.
식사하다, 텔레비전을 보다

2 보통 일요일에 뭐 해요?

　　　　　　　　　　　　　.
친구를 만나다, 산책하다

3 카페에서 보통 뭐 해요?

　　　　　　　　　　　　　.
커피를 마시다, 숙제하다

4 친구하고 보통 뭐 해요?

　　　　　　　　　　　　　.
게임하다, 운동하다

5 집이 어때요?

　　　　　　　　　　　　　.
크다, 학교에서 가깝다

6 학생 식당이 어때요?

　　　　　　　　　　　　　.
싸다, 맛있다

동 형 -고(과거)

가 문장을 쓰세요.

Look at the picture and write the sentence using '-고'.

1

숙제하다　　친구를 만나다

➡ 숙제하고 친구를 만났어요 .

2

영화를 보다　　산책하다

➡ ....

3

점심을 먹다　　운동하다

➡ ....

4

공원에서 걷다　　커피를 마시다

➡ ....

🔍 Focus

vowel, consonant + -고	
운동하다 + 샤워하다 : 운동하고 샤워했어요	책을 읽다 + 커피를 마시다 : 책을 읽고 커피를 마셨어요

나 대화를 완성하세요.

Complete the conversations using '-고'.

new
조깅하다
to go
jogging

1 어제 저녁에 뭐 했어요?

저녁을 먹고 텔레비전을 봤어요 .
저녁을 먹다, 텔레비전을 보다

2 오늘 아침에 뭐 했어요?

....
조깅하다, 아침을 먹다

3 지난 주말에 뭐 했어요?

....
청소하다, 쉬다

4 생일 때 뭐 했어요?

....
친구들하고 노래하다, 춤을 추다

5 작년에 뭐 했어요?

....
일하다, 여행하다

6 5년 전에 뭐 했어요?

....
학교에 다니다, 아르바이트하다

동-(으)ㄹ까요?①

가 문장을 쓰세요.

Look at the picture and write the sentence using '-(으)ㄹ까요?'.

1
이야기하다
이야기할까요 ?

2
영화를 보다
?

3
점심을 먹다
?

4
사진을 찍다
?

5
음악을 듣다✪
?

6
쿠키를 만들다✪
?

🔍 Focus

vowel + -ㄹ까요?	consonant + -을까요?
가다 : 갈까요?	먹다 : 먹을까요?

ⓒ 걷다 : 걸을까요?

ⓓ 놀다 : 놀까요?

나 대화를 완성하세요.

Complete the conversations using '-(으)ㄹ까요?'.

1 날씨가 좋아요. 같이 산책할까요 ? (O) 네, 좋아요. 같이 산책해요 .
　　　같이 산책하다

2 영화표가 두 장 있어요. _____ ? (O) _____ .
　　　같이 영화 보다

3 맛있는 식당을 찾았어요. _____ ? (O) _____ .
　　　같이 먹으러 가다

4 내일 시험이에요. _____ ? (X) 미안해요, _____ .
　　　같이 공부하다 　　　　　　　　다른 약속이 있다

5 토요일에 약속이 없어요. _____ ? (X) _____ .
　　　같이 놀다 　　　　　　　　아르바이트하러 가야 하다

6 다음 주부터 방학이에요. _____ ? (X) _____ .
　　　같이 여행 가다 　　　　　　　　고향에 가다

가 **빈칸을 채우세요.**
Fill in the blanks using words from the box.

구경할까요	글쎄요	등산할까요
미안해요	산책해요	점심 먹을까요

앤디 수잔 씨, 토요일에 뭐 할 거예요?

수잔 1 <u>글쎄요</u> . 아직 잘 모르겠어요.

앤디 그럼 우리 같이 서울을 2 _____ ?

수잔 네, 좋아요. 저는 인사동하고 북촌에 가고 싶어요.

앤디 인사동요? 좋아요. 같이 가요.

렌핑 사라 씨, 내일 바빠요?

사라 왜요?

렌핑 우리 같이 3 _____ ?

사라 씨하고 같이 등산하고 싶어요.

사라 4 _____ . 내일 아르바이트를 해요.

렌핑 그래요? 그럼 다음에 같이 가요.

한스 바야르 씨, 내일 수업 후에 시간 있어요?

바야르 네, 있어요.

한스 그래요? 그럼 같이 5 _____ ?

바야르 좋아요. 같이 점심 먹고 6 _____ .

한스 그럼 내일 1시에 학교 앞에서 만날까요?

바야르 네, 내일 만나요.

가 알맞은 것을 쓰세요.
Fill in the blanks using words from the box.

~~나무~~	놀다	대답하다	좋다	맛있게

1 공원에는 _____나무_____ 하고 꽃이 많아요.

2 앤디 씨는 어제 공원에 _____ 갔어요. 공원에서 친구들하고 게임했어요.

3 앤디 씨는 게임에서 이겼어요. 그래서 기분이 _____.

4 선생님이 학생들한테 질문해요. 그럼 학생들이 _____.

5 A 여기 된장찌개요. _____ 드세요.

　 B 네, 감사합니다.

나 학생책 65쪽을 읽으세요. 질문에 답을 쓰세요.
Read page 65 of the student book and answer the questions.

1 앤디 씨는 어제 어디에 갔어요?

　 앤디 씨는 어제 월드컵 공원에 갔어요 _____.

2 월드컵 공원은 어땠어요?

　 _____.

3 앤디 씨하고 친구들은 월드컵 공원에서 뭐 했어요?

　 _____.

4 앤디 씨는 왜 기분이 좋았어요?

　 _____.

5 미나 씨는 앤디 씨한테 "다음에 다시 올까요?"라고 말했어요.
　 앤디 씨는 뭐라고 대답했어요?

　 _____.

다 **알맞은 것을 쓰세요.**
Fill in the blanks using words from the box.

이기다	넓다	아름답다	다 같이	둘이서만

어제 날씨가 아주 좋았어요. 그래서 앤디 씨는 친구들하고 월드컵 공원에 놀러 갔어요. 월드컵 공원은 학교에서 멀지 않았어요. 지하철로 20분쯤 걸렸어요. 공원은 1 넓었어요   . 나무도 많고 꽃도 2   .

거기에서 앤디 씨는 친구들하고 점심을 맛있게 먹었어요. 김밥하고 치킨을 먹었어요. 그다음에 공원에서 산책을 하고 사진을 찍었어요. 그리고 3   게임을 했어요. 앤디 씨가 4   . 그래서 기분이 좋았어요.

미나 씨가 말했어요.

"앤디 씨, 월드컵 공원이 정말 좋아요. 다음에 다시 올까요?"

앤디 씨가 대답했어요.

"네, 좋아요. 다음에 우리 5   와요."

가 알맞은 것을 쓰세요.
Fill in the blanks using words from the box.

~~무료~~	축제	공연하다	다양하다

1 A 이거 얼마예요?

　B ___무료___ 예요. 그냥 가지고 가세요.

2 A 앤디 씨 반에는 어느 나라 사람이 있어요?

　B 일본, 태국, 프랑스 … 아주 _____ 나라 사람들이 있어요.

3~4 A 이번 주부터 학교 _____ 예요. 그래서 학교에 사람들이 많아요.

　　 B 재미있는 이벤트가 있어요?

　　 A 네, 유명한 가수가 _____. 그래서 저도 보러 갈 거예요.

나 잘 듣고 질문에 답을 쓰세요.
Listen carefully and answer the questions.

1 지훈 씨는 금요일에 무슨 계획이 있어요?
　 지훈 씨는 금요일에 학교 축제에 갈 거예요.

2 서강대 축제가 어때요?

3 서강대 축제에서 뭐 먹을 수 있어요?

4 지훈 씨하고 완 씨는 축제에서 뭐 할 거예요?

5 두 사람은 몇 시에, 어디에서 만날 거예요?

다 잘 들으세요. 그리고 빈칸을 채우세요.
Listen carefully and fill in the blanks.

지훈　완 씨, 금요일에 뭐 할 거예요?

완　글쎄요. 아직 1 __특별한__ 계획은 없어요. 지훈 씨는요?

지훈　저는 학교 축제에 갈 거예요.

완　서강대학교 축제요? 서강대 축제가 2 _____?

지훈　아주 재미있어요. 3 _____ 이벤트가 있어요. 여러 가지 게임을 하고,
　　　선물을 받을 수 있어요.

완　그래요?

지훈　그리고 푸드 트럭이 많이 와요. 한국 음식도 먹을 수 있고, 세계 여러 나라
　　　음식도 먹을 수 있어요.

완　또 뭐 해요?

지훈　4 _____ 가수들이 공연하러 와요.

완　아, 그래요? 표를 사야 해요?

지훈　아니요, 무료예요. 누구든지 공연을 볼 수 있어요.

완　공연은 몇 시에 5 _____?

지훈　저녁 8시에 시작해요. 그런데 일찍부터 줄을 서야 해요.

완　저도 가 보고 싶어요.

지훈　그럼 우리 같이 갈까요? 같이 게임도 하고, 맛있는 음식도 먹고, 공연도 봐요.

완　좋아요. 그럼 몇 시에 6 _____?

지훈　음, 조금 일찍 만날 수 있어요? 4시 어때요?

완　네, 그럼 4시에 학교 정문 앞에서 만나요.

4 언제 한국에 오셨어요?

인터뷰하기

문법

1. 동 형 -(으)세요②
   A : 어디가 아프세요?
   B : 네, 배가 많이 아파요.

2. 동 형 -(으)셨어요
   A : 언제 한국에 오셨어요?
   B : 두 달 전에 왔어요.

어휘와 표현

말하기

신체

☐ 머리   ☐ 귀
☐ 눈   ☐ 코
☐ 목   ☐ 입
☐ 팔   ☐ 어깨
☐ 다리   ☐ 손
☐ 발   ☐ 배
          ☐ 무릎

존댓말

☐ 주무세요 ········· 주무셨어요
☐ 드세요 ············· 드셨어요
☐ 말씀하세요 ······· 말씀하셨어요
☐ 계세요 ············· 계셨어요

문법

☐ 뉴스를 보다
☐ 신문
☐ 한복
☐ 몇 잔

대화

☐ 그러세요?
☐ 얼굴이 안 좋으세요.
☐ 아프다
☐ 열이 나다
☐ 알레르기가 있다
☐ 감기에 걸리다
☐ 따뜻하다
☐ 주문하다
☐ 한국말
☐ 참
☐ 잘하다

읽고 말하기

☐ 거기
☐ 날씨가 좋다
☐ 비가 오다
☐ 바람이 불다
☐ 할머니
☐ 건강
☐ 할아버지
☐ 친한 친구
☐ 거실
☐ 언니
☐ 요가(를) 하다
☐ 간식
☐ 조금 후

듣고 말하기

☐ 들어오세요.
☐ 내과
☐ 갔다 오다
☐ 괜찮다
☐ 푹 쉬세요.
☐ 시험을 보다
☐ 어떻게 해요?
☐ 걱정하다
☐ 내일 학교에 꼭 오세요.
☐ 빨리 나으세요.

동 형 -(으)세요②

가 문장을 쓰세요.

Look at the picture and write the sentence using '-(으)세요'.

1

운동하다

→ 아버지가 지금 <u>운동하세요</u> .

2

뉴스를 보다

→ 아버지가 지금 _____ .

3

많이 피곤하다

→ 아버지가 지금 _____ .

4

신문을 읽다

→ 아버지가 지금 _____ .

5

공원에서 걷다☺

→ 아버지가 지금 _____ .

6

부산에 살다☺

→ 아버지가 지금 _____ .

Focus

vowel + -세요	consonant + -으세요
가다 : 가세요	읽다 : 읽으세요

ⓒ 걷다 : 걸으세요
ⓔ 살다 : 사세요

나 대화를 완성하세요.

Complete the conversations.

1 보통 몇 시에 일어나세요?
　　7시에 일어나요 .

2 보통 몇 시에 주무세요?☺
　　11시에 .

3 보통 아침에 뭐 드세요?☺
　　빵하고 과일을 .

4 보통 한국어로 말씀하세요?☺
　　네, 한국어로 .

5 보통 주말 오전에 어디에 계세요?☺
　　체육관에 .

6 지금 우산 있으세요?☺
　　네, 우산 .

동 형 -(으)셨어요

가 문장을 쓰세요.

Look at the picture and write the sentence using '-(으)셨어요'.

1
운동하다

→ 어머니가 어제 <u>운동하셨어요</u>.

2
영화를 보다

→ 어머니가 어제 _____.

3
바쁘다

→ 어머니가 어제 _____.

4
한복을 입다

→ 어머니가 어제 _____.

5
음악을 듣다✪

→ 어머니가 어제 _____.

6
쿠키를 만들다✪

→ 어머니가 어제 _____.

Focus

vowel + -셨어요	consonant + -으셨어요
가다 : 가셨어요	읽다 : 읽으셨어요

ⓒ 걷다 : 걸으셨어요
ⓔ 살다 : 사셨어요

나 대화를 완성하세요.

Complete the conversations.

1 오늘 몇 시에 일어나셨어요?
　오늘 6시 반에 일어났어요.

2 어제 몇 시까지 일하셨어요?
　어제 7시까지 _____.

3 어제 몇 시에 주무셨어요?✪
　어제 11시에 _____.

4 오늘 커피를 몇 잔 드셨어요?✪
　오늘 두 잔 _____.

5 조금 전에 누구한테 말씀하셨어요?✪
　윤호 씨한테 _____.

6 30분 전에 어디에 계셨어요?✪
　휴게실에 _____.

다 표를 완성하세요.
Complete the table.

	-(으)세요	-(으)셨어요
사무실에서 일하다	일하세요	일하셨어요
불고기를 좋아하다		
뉴스를 보다	보세요	보셨어요
집에서 쉬다		
한국어를 가르치다		
바쁘다		바쁘셨어요
많이 피곤하다	피곤하세요	
한복을 입다		입으셨어요
은행에서 돈을 찾다		
신문을 읽다	읽으세요	
비자를 받다		
음악을 듣다✪		들으셨어요
공원에서 걷다✪	걸으세요	
서울에 살다✪	사세요	
빵을 먹다 / 커피를 마시다		드셨어요
말하다	말씀하세요	
방에서 자다		주무셨어요
회사에 있다	계세요	
집에 없다		안 계셨어요

가 **빈칸을 채우세요.**
Fill in the blanks.

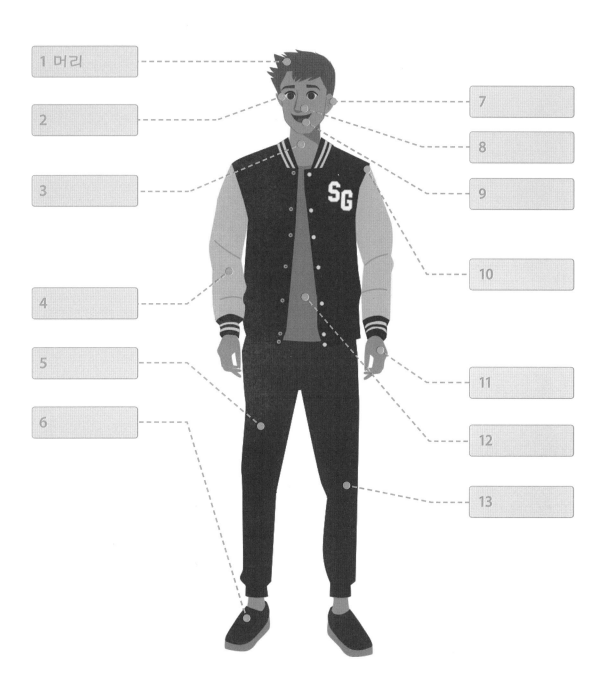

1 머리

2

3

4

5

6

7

8

9

10

11

12

13

가 빈칸을 채우세요.

Fill in the blanks with words from the box.

드셨어요	아프세요	오셨어요
좋아하세요	좋으세요	주문하셨어요

민수 수잔 씨, 점심 1 <u>드셨어요</u> ?

수잔 네, 비빔밥 먹었어요. 민수 씨는요?

민수 저는 김치찌개 먹었어요.

수잔 민수 씨는 매운 음식을 2 ＿＿＿＿＿＿＿＿?

민수 네, 좋아해요.

수잔 그러세요? 저도 매운 음식을 좋아해요.

민수 수잔 씨, 얼굴이 안 3 ＿＿＿＿＿＿＿＿.

어디가 4 ＿＿＿＿＿＿＿＿?

수잔 네, 배가 아파요.

민수 혹시 매운 음식을 드셨어요?

수잔 네, 매운 음식을 먹었어요.

민수 약을 드세요. 그리고 일찍 집에 가세요.

수잔 네, 알겠어요. 감사합니다.

사라 따뜻한 레몬차 5 ＿＿＿＿＿＿＿?

여기 있어요.

손님 고마워요. 한국말을 참 잘하세요.

어느 나라에서 6 ＿＿＿＿＿＿＿?

사라 프랑스에서 왔어요.

손님 언제 한국에 오셨어요?

사라 두 달 전에 왔어요.

가 알맞은 것을 쓰세요.
Fill in the blanks using words from the box.

| 간식 | 날씨 | 비가 오다 | 조금 후 | 친한 친구 |

1 배가 좀 고파요. 그래서 ___간식___ 을 먹고 싶어요.

2 지금 밖에 _____. 그런데 우산이 없어요.

3 오늘 _____ 가 안 좋아요. 그래서 집에 있고 싶어요.

4 미나 씨는 방학 때 _____ 하고 같이 여행 갈 거예요.

5 _____ 에 친구들이 와요. 그래서 빨리 청소해야 해요.

나 학생책 83쪽을 읽으세요. 질문에 답을 쓰세요.
Read page 83 of the student book and answer the questions.

1 미나 씨 가족은 일요일에 보통 뭐 해요?
___미나 씨 가족은 일요일에 보통 집 근처 공원에 가요. 거기에서 산책하고 운동도 해요___.

2 오늘 날씨가 어때요?
_____.

3 미나 씨 할머니하고 할아버지는 어디에 계세요? 뭐 하세요?
_____.

4 미나 씨는 지금 누구하고 전화해요?
_____.

5 미나 씨 어머니는 뭐 좋아하세요?
_____.

6 미나 씨 아버지는 뭐 만드세요?
_____.

다 알맞은 것을 쓰세요.

Fill in the blanks using words from the box.

건강	만들다	불다	읽다	있다	~~비가 오다~~

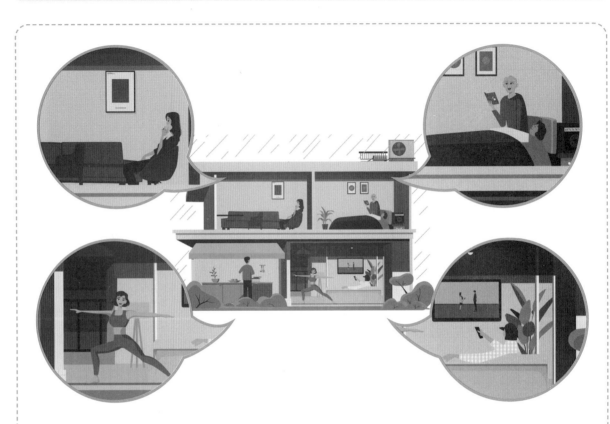

오늘은 일요일이에요. 일요일 아침에 우리 가족은 보통 집 근처 공원에 가요. 거기에서 산책하고 운동도 해요. 그런데 오늘은 날씨가 안 좋아요. 1 <u>비가 와요</u>. 그리고 바람도 많이 2 _____. 그래서 지금 모두 집에 있어요.

할머니는 방에서 주무세요. 요즘 3 _____ 이 안 좋으세요. 할아버지는 할머니 옆에서 책을 4 _____. 저는 방에서 친구하고 전화해요. 친한 친구가 프랑스에 공부하러 갔어요. 방학 때 그 친구를 만나러 갈 거예요.

어머니는 거실에 5 _____. 드라마를 보세요. 어머니는 드라마를 아주 좋아하세요. 언니도 거실에 있어요. 거실에서 요가를 해요.

아버지는 부엌에 계세요. 부엌에서 맛있는 간식을 6 _____. 아버지는 요리를 잘하세요. 조금 후에 우리 가족은 맛있는 간식을 먹을 수 있을 거예요.

가 **알맞은 것을 쓰세요.**
Fill in the blanks using words from the box.

내과	갔다 오다	시험을 보다	푹 쉬다

1 A 배가 너무 많이 아파요.

B 그래요? 그럼 ___내과___ 에 가세요.

2 A 하루카 씨, 방학 때 뭐 할 거예요?

B 일본에 _____.

3 A 오늘 일이 너무 많았어요.

B 집에 일찍 가세요. 그리고 _____.

4 A 토요일에 같이 등산할까요?

B 미안해요. 월요일에 _____. 그래서 공부해야 해요.

나 **잘 듣고 질문에 답을 쓰세요.**
Listen carefully and answer the questions.

1 앤디 씨는 지난주에 왜 학교에 안 갔어요?

___앤디 씨는 지난주에 많이 아팠어요. 그래서 학교에 안 갔어요___.

2 앤디 씨는 지난주에 어느 병원에 갔어요?

_____.

3 앤디 씨는 지금도 아파요?

_____.

4 앤디 씨는 왜 걱정해요?

_____.

5 내일 수업 시간에 뭐 할 거예요?

_____.

다 잘 들으세요. 그리고 빈칸을 채우세요.
Listen carefully and fill in the blanks.

선생님	들어오세요.
앤디	안녕하세요? 선생님.
선생님	안녕하세요? 앤디 씨. 지난주에 왜 학교에 안 1 오셨어요 ?
앤디	많이 아팠어요.
선생님	어디가 아프셨어요?
앤디	2 _____ 이 많이 났어요. 그리고 3 _____ 도 많이 아팠어요.
선생님	병원에는 가셨어요?
앤디	네, 집 근처 내과에 갔다 왔어요.
선생님	지금은 4 _____ ?
앤디	아니요, 아직 목이 좀 아파요.
선생님	그러세요? 5 _____ 물을 많이 드세요. 그리고 푹 쉬세요.
앤디	네, 알겠어요.
선생님	그런데 앤디 씨, 다음 주에 시험을 볼 거예요.
앤디	시험요? 어떻게 해요? 저는 공부 안 했어요.
선생님	걱정하지 마세요. 내일 복습할 거예요.
	앤디 씨, 내일 학교에 꼭 오세요.
앤디	시험이 다음 주 언제예요?
선생님	월요일이에요.
앤디	네, 알겠어요. 선생님, 안녕히 계세요.
선생님	안녕히 가세요, 앤디 씨. 빨리 6 _____ .

가 다음 표를 완성하세요.
Complete the tables.

명하고			
김치 + 불고기	김치하고 불고기	밥 + 국	
친구 + 부모님		한국 + 미국	

동 형-고			
운동하다 + 샤워하다	운동하고 샤워해요.	책을 읽다 + 쉬다	책을 읽고 쉬었어요.
영화를 보다 + 자다		덥다 + 비가 오다	
밥을 먹다 + 일하다		음식을 만들다 + 청소하다	

동-(으)ㄹ까요?①			
산책하다		찍다	
가다		걷다☺	
먹다		만들다☺	

동 형-(으)세요②			
바쁘다		먹다☺	
일하다		자다☺	
걷다☺		말하다☺	
살다☺		있다☺	

동 형-(으)셨어요			
바쁘다		먹다☺	
일하다		자다☺	
걷다☺		말하다☺	
살다☺		있다☺	

나 다음 단어를 확인하세요. 그리고 알맞은 것을 쓰세요.
Read over the following words and phrases and use them to fill in the blanks.

> ▢ 건강   ▢ 날씨   ▢ 이기다   ▢ 괜찮다   ▢ 다양하다
> ▢ 감기에 걸리다   ▢ 누구든지   ▢ 다 같이   ▢ 비가 오다   ▢ 줄을 서다

1 오늘 _____ 이/가 참 좋았어요. 그래서 공원에서 산책했어요.

2 렌핑 씨는 오늘 게임에서 _____. 그래서 기분이 좋았어요.

3 서강 식당에는 김밥, 떡볶이, 비빔밥, 된장찌개 … _____ 메뉴가 있어요.

4 어제 반 친구들하고 _____ 공원에 놀러 갔어요. 정말 재미있었어요.

5 앤디 씨는 _____. 열이 나고, 목도 많이 아팠어요.

다 다음 표현을 확인하세요. 그리고 가장 알맞은 것을 쓰세요.
Read over the following sentences and use them to complete the conversations.

> ▢ 아직 잘 모르겠어요.   ▢ 푹 쉬세요.
> ▢ 커피 한잔할까요?   ▢ 어떻게 해요?
> ▢ 아직 특별한 계획은 없어요.   ▢ 내일 학교에 꼭 나오세요.
> ▢ 얼굴이 안 좋으세요.   ▢ 빨리 나으세요.

1 A _____?

   B 좋아요. 커피 마시고 산책도 해요.

2 A 일요일에 앤디 씨하고 등산 갈 거예요?

   B 글쎄요. _____.

3~4 A _____. 어디 아프세요?

     B 네, 머리가 많이 아파요.

     A 그러세요? 그럼 약을 드세요. 그리고 _____.

퀴즈

읽기 ※ [1~5] ( )에 들어갈 가장 알맞은 것을 고르십시오.

1

한스 씨한테는 ( )이/가 아주 중요해요. 그래서 매일 운동해요.

❶ 건강   ❷ 공부   ❸ 일   ❹ 친구

2

아버지는 지금 거실에서 ( ). 많이 피곤하세요.

❶ 계세요   ❷ 드세요   ❸ 주무세요   ❹ 말씀하세요

3

내일 시간이 있어요? 그럼 서울을 ( )?

❶ 구경할까요   ❷ 등산할까요   ❸ 산책할까요   ❹ 운동할까요

4

저는 점심 때 김밥( ) 떡볶이를 먹고 싶어요.

❶ 이   ❷ 을   ❸ 하고   ❹ 부터

5

열이 나고 목이 아파요. 그래서 약을 먹고 집에서 ( ) 쉬어야 해요.

❶ 보통   ❷ 아주   ❸ 너무   ❹ 푹

※ [6~7] 다음을 읽고 물음에 답하십시오.

어제 날씨가 아주 좋았어요. 그래서 앤디 씨는 친구들하고 여의도 한강 공원에 갔어요. 공원은 넓었어요. 나무도 많고 꽃도 아름다웠어요.

거기에서 앤디 씨는 친구들하고 점심을 맛있게 먹고 이야기도 많이 했어요. 그다음에 산책하고 사진도 찍었어요.

앤디 씨가 말했습니다.

"수잔 씨, 한강 공원이 정말 좋아요. 다음 주말에 다시 올까요?"

수잔 씨가 대답했어요.

"미안해요. 다음 주말에 다른 약속이 있어요."

6 앤디 씨가 어제 한 것을 순서대로 쓰십시오.

(   ) → (   ) → (   ) → (   )

> ㉠ 공원에 갔어요.   ㉡ 사진을 찍었어요.   ㉢ 점심을 먹었어요.   ㉣ 산책했어요.

7 윗글의 내용과 같은 것을 고르십시오.

❶ 어제 날씨가 너무 더웠어요.   ❷ 앤디 씨는 어제 혼자 소풍을 갔어요.

❸ 앤디 씨는 공원에서 점심을 먹었어요.   ❹ 앤디 씨는 다음 주말에 다른 약속이 있어요.

듣기 ※ [8] 다음을 듣고 물음에 답하십시오.

8 남자의 질문에 알맞은 여자의 대답을 고르십시오.

❶ 아직 특별한 계획은 없어요.   ❷ 저는 보통 주말에 영화를 봐요.

❸ 미안해요. 저는 고향에 가야 해요.   ❹ 친구하고 점심을 먹고 산책했어요.

※ [9~10] 다음을 듣고 물음에 답하십시오.

9 남자는 지금 어디가 아파요? 알맞은 것을 고르십시오.

❶ 머리   ❷ 배   ❸ 목   ❹ 다리

10 남자가 왜 아파요? 알맞은 것을 고르십시오.

❶ 일찍 잤어요.   ❷ 집에 늦게 갔어요.

❸ 점심을 안 먹었어요.   ❹ 매운 음식을 먹었어요.

말하기 ※ 다음 그림을 보고 미나 씨 가족의 모습을 설명하십시오.

5

스키 탈 줄 알아요?

문법

1. 동-(으)ㄹ 줄 알아요/몰라요	A : 스키 탈 줄 알아요? B : 아니요, 스키 탈 줄 몰라요.
2. 동-거나	A : 주말에 보통 뭐 해요? B : 책을 읽거나 영화를 봐요.
3. 동형-지만	A : 떡볶이가 어때요? B : 맵지만 맛있어요.

어휘와 표현

말하기

운동과 악기
- ☐ 수영하다
- ☐ 야구하다
- ☐ 축구하다
- ☐ 농구하다
- ☐ 테니스를 치다
- ☐ 배드민턴을 치다
- ☐ 탁구를 치다
- ☐ 골프를 치다
- ☐ 자전거를 타다
- ☐ 스키를 타다
- ☐ 스케이트를 타다
- ☐ 스노보드를 타다
- ☐ 피아노를 치다
- ☐ 기타를 치다
- ☐ 하모니카를 불다
- ☐ 플루트를 불다

대화
- ☐ 시간이 있을 때 뭐 하세요?
- ☐ 힙합
- ☐ 클래식
- ☐ 재즈
- ☐ 케이팝
- ☐ 라틴 댄스
- ☐ 코미디 영화
- ☐ 액션 영화
- ☐ 공포 영화
- ☐ 애니메이션
- ☐ 힘들다
- ☐ 손이 아프다
- ☐ 수업료가 비싸다
- ☐ 요즘 어떻게 지내세요?
- ☐ 배우러 다니다

읽고 말하기
- ☐ 자기소개서
- ☐ 방송국
- ☐ 신문방송학
- ☐ 전공하다
- ☐ 인턴을 하다
- ☐ 고등학교
- ☐ 관심이 많다
- ☐ 학년
- ☐ 이해하다
- ☐ 학원에 다니다
- ☐ 프로그램
- ☐ 사용하다
- ☐ 특히
- ☐ 편집
- ☐ 방송
- ☐ 잘 부탁드립니다.

듣고 말하기
- ☐ 일주일에 몇 번
- ☐ 퇴근 후
- ☐ 소개해 주다
- ☐ 신촌 역 2번 출구

가 알맞은 것을 연결하세요.
Match each picture with the correct word.

1 .... 수영 .... ●

2 .... ●

3 .... ●　　　　　　　(을/를) 하다

4 .... ●　　　　　　　● (을/를) 치다

5 .... ●　　　　　　　● (을/를) 타다

6 .... ●　　　　　　　● (을/를) 불다

7 .... ●

8  .... ●

통-(으)ㄹ 줄 알아요/몰라요

가 문장을 쓰세요.

Look at the picture and write the sentence using '-(으)ㄹ 줄 알아요/몰라요'.

1

운전하다

<u>운전할 줄 알아요</u> .

2

수영하다(X)

_____ .

3

한자를 읽다

_____ .

4

자전거를 타다(X)

_____ .

5

하모니카를 불다☆

_____ .

6

김밥을 만들다☆(X)

_____ .

🔍 Focus

vowel + -ㄹ 줄 알아요	consonant + -을 줄 알아요
수영하다 : 수영할 줄 알아요	읽다 : 읽을 줄 알아요

ⓒ 걷다 : 걸을 줄 알아요

ⓔ 만들다 : 만들 줄 알아요

나 대화를 완성하세요.

Complete the conversations using '-(으)ㄹ 줄 알아요/몰라요'.

1 A 수영할 줄 알아요?

   B 네, <u>수영할 줄 알아요</u> .

2 A 태권도 할 줄 알아요?

   B 아니요, _____ .

3 A 테니스 칠 줄 알아요?

   B 아니요, _____ .

4 A 스키 탈 줄 알아요?

   B 네, _____ .

5 A 기타 칠 줄 알아요?

   B 아니요, _____ .

6 A 불고기를 만들 줄 알아요?

   B 네, _____ .

동-거나

가 문장을 쓰세요.

Look at the pictures and write the sentence using '-거나'.

1

수영하다   테니스를 치다

<u>수영하거나 테니스를 쳐요</u> .

2

춤을 추다   노래하다

_____ .

3

책을 읽다   텔레비전을 보다

_____ .

4

음악을 듣다   요리하다

_____ .

🔍 Focus

vowel, consonant + -거나	
가다 : 가거나	먹다 : 먹거나

나 대화를 완성하세요.

Complete the conversations using '-거나'.

1 **A** 수업 후에 보통 뭐 해요?

　B <u>운동하거나 게임해요</u> .
　　　　운동하다/게임하다

2 **A** 주말에 보통 뭐 해요?

　B _____ .
　　　　혼자 영화를 보다/책을 읽다

3 **A** 기분이 좋아요. 그럼 보통 뭐 해요?

　B _____ .
　　　　맛있는 음식을 먹다/노래방에 가다

4 **A** 한국에서 뭐 하고 싶어요?

　B _____ .
　　　　태권도를 배우다/아르바이트하다

5 **A** 생일에 뭐 할 거예요?

　B _____ .
　　　　친구들을 만나다/가족하고 식사하다

6 **A** 이번 방학 때 뭐 할 거예요?

　B _____ .
　　　　부산에 가다/집에서 쉬다

동 형 -지만

가 문장을 쓰세요.

Look at the pictures and write the sentence using '-지만'.

1 ↔

한국어가 어렵다 　　　　재미있다

한국어가 어렵지만 재미있어요 .

2 ↔

갈비가 비싸다 　　　　맛있다

_____ .

3  ↔

집이 멀다 　　　　크다

_____ .

4  ↔

파아노를 칠 줄 모르다 　　기타를 칠 줄 알다

_____ .

Focus

vowel, consonant + -지만	
가다 : 가지만	먹다 : 먹지만

나 대화를 완성하세요.

Complete the conversations using '-지만'.

1 A 서강 식당이 어때요?

　B 비싸지만 맛있어요 .
　　　비싸다 ↔ 맛있다

2 A 한국 생활이 어때요?

　B _____ .
　　　힘들다 ↔ 재미있다

3 A 지금 집이 어때요?

　B _____ .
　　　학교에서 가깝다 ↔ 조금 작다

4 A 한국어 공부가 어때요?

　B _____ .
　　　재미있다 ↔ 문법이 어렵다

5 A 한국 음식이 어때요?

　B _____ .
　　　맛있다 ↔ 조금 맵다

6 A 무슨 운동을 할 줄 알아요?

　B _____ .
　　　수영을 할 줄 알다 ↔ 스키를 탈 줄 모르다

가 빈칸을 채우세요.
Fill in the blanks using words from the box.

| 때 | 칠까요 | 어렵지만 | 나중에 | 배우러 다녀요 | 어떤 |

하루카 시간이 있을 1 ___때___ 뭐 하세요?

앤디 운동을 하거나 음악을 들어요.

하루카 2 _____ 운동을 좋아하세요?

앤디 태권도를 좋아해요.

하루카 그럼 2 _____ 음악을 좋아하세요?

앤디 힙합을 좋아해요.

렌핑 수잔 씨, 오늘 오후에 바쁘세요?

수잔 왜요?

렌핑 체육관에서 같이 탁구 3 _____ ?

수잔 미안해요. 오늘 테니스 수업이 있어요.

렌핑 테니스를 배우세요? 테니스 수업이 어떠세요?

수잔 4 _____ 재미있어요.

한스 수잔 씨, 요즘 어떻게 지내세요?

수잔 잘 지내요. 요즘 테니스 5 _____.

한스 그러세요?

수잔 한스 씨는 테니스 칠 줄 아세요?

한스 네, 칠 줄 알아요.

수잔 그럼 6 _____ 우리 같이 테니스 쳐요.

한스 네, 좋아요.

가 알맞은 것을 쓰세요.
Fill in the blanks using words from the box.

전공하다	이해하다	특히	여러 가지	~~학원에 다니다~~

1 태권도를 배우고 싶습니다. 그래서 태권도 <u>학원에 다닙니다</u>.

2 저는 서강대학교 학생입니다. 학교에서 마케팅을 _____.

3 한국어가 어렵습니다. _____ 쓰기가 어렵습니다.

4 한국어가 쉽습니다. 선생님 말을 모두 _____ 수 있습니다.

5 뷔페에 다양한 음식이 있습니다. _____ 메뉴가 있습니다.

> **new**
> 마케팅 marketing
> 뷔페 buffet
> 메뉴 menu item, dish

나 학생책 103쪽을 읽으세요. 질문에 답을 쓰세요.
Read page 103 of the student book and answer the questions.

1 김지훈 씨는 무엇을 전공했습니까?

<u>김지훈 씨는 신문방송학을 전공했습니다</u>.

2 김지훈 씨는 영어를 잘합니까?

3 김지훈 씨는 어디에서 중국어를 배웠습니까?

4 김지훈 씨는 컴퓨터를 잘합니까?

5 김지훈 씨는 이 회사에서 일할 수 있습니까? 여러분의 생각을 말해 보세요.

다 **알맞은 것을 쓰세요.**
Fill in the blanks using words from the box.

관심	동안	인턴	자기소개서	부탁드리다	사용하다

1 __자기소개서__

김지훈

저는 김지훈입니다. SG 방송국에서 일하고 싶습니다. 저는 신문방송학을 전공했습니다.

그래서 방학 때 방송국에서 2 _____ 을 했습니다.

저는 고등학교 때부터 다른 나라 문화에 3 _____ 이 많았습니다. 그래서

대학교 1학년 때 1년 동안 미국에서 영어를 공부했습니다. 영어 뉴스를 듣고 이해할 수

있습니다. 그리고 저는 1년 4 _____ 중국어 학원에 다녔습니다. 그래서

중국어도 할 줄 압니다.

여러 가지 컴퓨터 프로그램도 잘 5 _____ 줄 압니다. 특히 편집을 잘합니다.

SG 방송국에서 좋은 방송을 만들고 싶습니다. 잘 6 _____.

E-mail: jhkim0815@amail.com

김지훈 Kim, Jihun

Focus

현재	
vowel + -ㅂ니다	**consonant + -습니다**
가다 : 갑니다	먹다 : 먹습니다

ㄹ 살다 : 삽니다

과거		
하다 → 했습니다	**'아', '오' + -았습니다**	**other + -었습니다**
일하다 : 일했습니다	가다 : 갔습니다	먹다 : 먹었습니다

ⓒ 듣다 : 들었습니다
ⓞ 쓰다 : 썼습니다
ⓗ 춥다 : 추웠습니다
ㄹ 빠르다 : 빨랐습니다

가 **알맞은 것을 쓰세요.**
Fill in the blanks using words from the box.

일주일	출구	~~퇴근~~	소개해 주다

1 **A** 6시에 회사 일이 끝나고 집에 가요. <u>퇴근</u> 후에 뭐 하세요?

  B 집에서 저녁 먹고 쉬어요.

2 **A** _____에 몇 번 운동하세요?

  B 세 번 해요. 월요일, 수요일, 금요일에 공원에서 운동해요.

3 **A** 한국 친구가 없어요. 한국 친구를 _____ 수 있어요?

  B 그럼요. 다음에 같이 한번 만나요.

4 **A** 서강대학교가 어디에 있어요?

  B 신촌 역 6번 _____ 근처에 있어요.

나 **잘 듣고 질문에 답을 쓰세요.**
Listen carefully and answer the questions.

1 수잔 씨는 언제 테니스를 시작했어요?
   <u>수잔 씨는 지난달에 테니스를 시작했어요</u>.

2 테니스장이 어디에 있어요?
   _____.

3 테니스장이 어때요?
   _____.

4 수잔 씨는 보통 언제 테니스장에 가요?
   _____.

5 수잔 씨는 어디에서 투안 씨를 만날 거예요?
   _____.

다 잘 들으세요. 그리고 빈칸을 채우세요.
Listen carefully and fill in the blanks.

투안 안녕하세요, 수잔 씨? 지금 어디에 가세요?

수잔 테니스장에 가요. 제가 요즘 테니스를 배워요.

투안 아, 그래요? 테니스를 언제 1 _시작하셨어요_ ?

수잔 지난달에 시작했어요.

투안 어디에서 배우세요?

수잔 회사 2 _____ 테니스장에서요.

투안 그 테니스장이 어때요?

수잔 참 좋아요. 그리고 선생님도 3 _____ .

투안 일주일에 4 _____ 가야 돼요?

수잔 일주일에 두 번요.

투안 보통 테니스장에 언제 가세요?

수잔 아침 5 _____ 가거나 퇴근 후에 가요. 왜요?

투안 제가 테니스를 칠 줄 몰라요. 그래서 저도 테니스를 좀 배우고 싶어요.

수잔 그러세요? 그럼 다음에 같이 가요.

투안 네, 그때 선생님을 소개해 줄 수 있어요?

수잔 6 _____ . 투안 씨, 내일은 어때요?

투안 좋아요.

수잔 그럼 내일 같이 테니스장에 가요.

투안 몇 시에 만날까요?

수잔 음, 내일 저녁 6시에 신촌 역 2번 출구에서 만나요.

투안 알겠어요. 그럼 내일 만나요.

6 이거보다 더 긴 우산이에요

학습 목표

묘사하기, 비교하기

문법

1. 동-고 있어요
A : 지금 뭐 하고 있어요?
B : 친구하고 커피 마시고 있어요.

2. 못 동
A : 앤디 씨, 피아노 칠 줄 알아요?
B : 네, 그런데 지금은 못 쳐요.

3. 명보다 더
A : 버스하고 지하철 중에서 뭐가 더 빨라요?
B : 지하철이 버스보다 더 빨라요.

어휘와 표현

말하기

색깔
- ☐ 빨간색
- ☐ 주황색
- ☐ 노란색
- ☐ 초록색
- ☐ 파란색
- ☐ 남색
- ☐ 보라색
- ☐ 하얀색
- ☐ 까만색
- ☐ 무슨 색이에요?

문법
- ☐ 이를 닦다
- ☐ 손을 씻다
- ☐ 그림을 그리다
- ☐ 코트
- ☐ 얇다

대화
- ☐ 단어
- ☐ 외우다
- ☐ 번역하다
- ☐ 찾아보다
- ☐ 일이 생기다
- ☐ 잠깐만요.
- ☐ 무슨 색 우산이에요?
- ☐ 이 우산
- ☐ 이거
- ☐ 목도리

읽고 말하기

- ☐ 토끼
- ☐ 거북
- ☐ 옛날옛날에
- ☐ 어느 날
- ☐ 그때
- ☐ 천천히
- ☐ 걸어가다
- ☐ 물어보다
- ☐ 크게
- ☐ 웃다
- ☐ 기분이 나쁘다
- ☐ 달리기하다
- ☐ 빨리
- ☐ 뛰어가다
- ☐ 생각하다
- ☐ 열심히
- ☐ 얼마 후
- ☐ 야호!
- ☐ 소리
- ☐ 부르다

듣고 말하기

- ☐ 잃어버리다
- ☐ 사무실
- ☐ 한번 물어보세요.
- ☐ 저기 죄송한데요,
- ☐ 학생증
- ☐ 혹시 이거예요?
- ☐ 유실물 센터
- ☐ 전화를 받다
- ☐ 시청 역

동 -고 있어요

가 **문장을 쓰세요.**

Look at the picture and write the sentence using '-고 있어요'.

1
청소하다
<u>청소하고 있어요</u> .

2
이를 닦다
....

3
거울을 보다
....

4
점심을 먹다
....

5
손을 씻다
....

6
음악을 듣다
....

🔍 **Focus**

vowel, consonant + -고 있어요	
가다 : 가고 있어요	먹다 : 먹고 있어요

나 **대화를 완성하세요.**

Complete the conversations using '-고 있어요'.

1 A 지금 뭐 하고 있어요?

　 B <u>노래하고 있어요</u> .
　　　　노래하다

2 A 지금 뭐 하고 있어요?

　 B ....
　　　　춤을 추다

3 A 지금 뭐 하고 있어요?

　 B ....
　　　　그림을 그리다

4 A 지금 뭐 하고 있어요?

　 B ....
　　　　한국어를 가르치다

5 A 지금 뭐 하고 있어요?

　 B ....
　　　　음악을 듣다

6 A 지금 뭐 하고 있어요?

　 B ....
　　　　하모니카를 불다

못 [동]

가 문장을 쓰세요.

Look at the picture and write the sentence using '못'.

1

수영하다(X)

수영 못 해요   .

2

운전하다(X)

....

3

돈을 찾다(X)

....

4

매운 음식을 먹다(X)

....

5

테니스를 치다(X)

....

6

걷다❂(X)

....

🔍 Focus

앤디 씨가 월요일에 학교에 가요.   공부해요.   책을 읽어요.

　　　　　 → 못 가요.   → 공부 못 해요.   → 못 읽어요.

나 대화를 완성하세요.

Complete the conversations using '못'.

1 A 운전할 줄 알아요?

B 아니요, 운전 못 해요   .

2 A 스키를 탈 수 있어요?

B 아니요, ...

3 A 아침에 일찍 일어날 수 있어요?

B 아니요, ...

4 A 한국 노래를 할 줄 알아요?

B 아니요, ...

5 A 같이 등산하러 갈 수 있어요?

B 아니요, ...

6 A 어제 시험 준비 많이 했어요?

B 아니요, ...

73

명 보다 더

가 문장을 쓰세요.

Look at the picture and write the sentence using '보다 더'.

1

북한산이 남산보다 더 높아요

북한산이 높다

2

비빔밥이 비싸다

3

읽기 시험이 쉽다

4

편의점이 가깝다

5

8월이 덥다

6

코트가 얇다

나 대화를 완성하세요.
Complete the conversations using '보다 더'.

☐ 사과	☐ 바나나 ……… 맛있다
☑ 축구	☐ 야구 ……… 재미있다
☐ 읽기	☑ 듣기 ……… 어렵다
☐ 부산	☑ 제주도 ……… 좋다
☐ 10월	☑ 12월 ……… 춥다
☑ 미나 씨	☐ 수잔 씨 ……… 머리가 길다

1　A 사과하고 바나나 중에서 뭐가 더 맛있어요?

　　B *사과가 바나나보다 더 맛있어요* .

2　A 축구하고 야구 중에서 뭐가 더 재미있어요?

　　B ....

3　A 읽기하고 듣기 중에서 뭐가 더 어려워요?

　　B ....

4　A 부산하고 제주도 중에서 어디가 더 좋아요?

　　B ....

5　A 10월하고 12월 중에서 언제가 더 추워요?

　　B ....

6　A 미나 씨하고 수잔 씨 중에서 누가 더 머리가 길어요?

　　B ....

가 빈칸을 채우세요.
Fill in the blanks using words from the box.

거기	무슨	못	긴	바빴어요	숙제하고

바야르   여보세요, 앤디 씨. 지금 어디예요?

앤디   스터디 카페예요. 왜요?

바야르   혹시 완 씨가 1 <u>거기</u> 에 있어요?

앤디   네, 지금 2 _____ 있어요.

완   한스 씨, 어제 친구를 만났어요?

한스   아니요, 3 _____ 만났어요.

완   왜 못 만났어요?

한스   친구가 4 _____ .

      그래서 못 만났어요.

가브리엘   안녕하세요? 혹시 우산 못 보셨어요?

직원   잠깐만요. 5 _____ 색 우산이에요?

가브리엘   빨간색 우산이에요.

직원   혹시 이 우산이에요?

가브리엘   아니요, 이거보다 더 6 _____

      우산이에요.

가 **알맞은 것을 쓰세요.**
Fill in the blanks using words from the box.

물어보다	웃다	그때	~~빨리~~	천천히

1 지금 친구가 기다리고 있어요. 그래서 ___빨리___ 가야 해요.

2 치마 가격을 알고 싶었어요. 그래서 옷 가게 직원한테 _____.

3 다리가 아파요. 그래서 _____ 걸어야 해요.

4 작년 8월에 일본에 갔어요. _____ 하루카 씨를 처음 만났어요.

> new
> 처음
> first

5 어제 코미디 영화를 보고 많이 _____.

나 **학생책 121쪽을 읽으세요. 질문에 답을 쓰세요.**
Read page 121 of the student book and answer the questions.

1 토끼가 거북을 만났어요. 토끼는 어디에 가고 있었어요?

  토끼는 친구를 만나러 가고 있었어요 _____.

2 거북은 왜 기분이 나빴어요?

  _____.

3 처음에 누가 빨랐어요?

  _____.

4 토끼는 왜 낮잠을 잤어요?

  _____.

5 거북은 왜 기분이 좋았어요?

  _____.

77

다 알맞은 것을 쓰세요.
Fill in the blanks using words from the box.

걸어가다	달리기하다	뛰어가다	부르다
생각하다	이기다	느리다	

옛날옛날에 토끼하고 거북이 살았어요. 어느 날 토끼가 친구를 만나러 가고 있었어요. 그때 거북이 토끼 앞에서 천천히 1 <u>걸어가고</u> 있었어요.

토끼가 거북을 봤어요. 그리고 "안녕하세요? 거북 씨, 어디에 가요?"라고 물어봤어요. "할머니를 만나러 할머니 집에 가요."라고 거북이 대답했어요. 토끼가 "거북 씨는 아주 2 _____. 오늘 할머니 집에 도착할 수 있어요?"라고 말했어요. 그리고 크게 웃었어요. 거북은 기분이 나빴어요.

거북이 "토끼 씨, 우리 저기 산까지 3 _____? 제가 이길 수 있어요."라고 토끼한테 말했어요. "하하하, 저를 이길 수 있어요? 좋아요. 달리기해요. 거북 씨는 저를 못 이길 거예요."라고 토끼가 대답했어요.

토끼하고 거북은 달리기를 시작했어요. 토끼는 거북보다 아주 빨랐어요. 빨리 4 _____. 하지만 거북은 느렸어요. 천천히 걸어갔어요.

토끼가 뒤를 봤어요. 저기 아래에서 거북이 아주 천천히 오고 있었어요. 토끼는 '아, 재미없어요. 거북 씨는 정말 느려요. 여기에서 잠깐 낮잠을 잘 거예요.'라고 5 _____. 그리고 토끼는 나무 아래에서 낮잠을 잤어요. 하지만 거북은 쉬지 않았어요. 열심히 걸었어요.

얼마 후 토끼가 일어났어요. 그리고 뒤를 봤어요. 거북이 없었어요. 그때 "야호! 토끼 씨!" 거북이 큰 소리로 토끼를 6 _____. 토끼가 산 위를 봤어요. 산 위에 거북이 있었어요. 거북이 토끼보다 더 빨리 산에 도착했어요. 거북이 7 _____. 거북은 아주 기분이 좋았어요.

가 **알맞은 것을 쓰세요.**
Fill in the blanks using words from the box.

| 거기 | ~~학생증~~ | 유실물 센터 | 잃어버리다 |

1 A 도서관에서 책을 빌리고 싶어요.

　B 그래요? 그럼 <u>학생증</u> 을 만드세요.

2 A 여보세요. 렌핑 씨, 지금 어디예요?

　B 교실이에요.

　A 정말 죄송한데요, 혹시 ＿＿＿＿＿＿＿ 에 제 책이 있어요?

　B 네, 책상 위에 있어요.

3~4 A 투안 씨, 어제 왜 전화 안 받았어요?

　　B 미안해요. 어제 지하철에서 핸드폰을 ＿＿＿＿＿＿＿＿＿＿.

　　A 정말요? 핸드폰 찾았어요?

　　B 네, 지하철 ＿＿＿＿＿＿＿＿＿ 에서 찾았어요.

나 **잘 듣고 질문에 답을 쓰세요.**
Listen carefully and answer the questions.

1 완 씨가 왜 약속 장소에 안 갔어요?
　<u>왜냐하면 완 씨가 지갑을 잃어버렸어요. 그래서 지갑을 찾고 있었어요</u> .

2 완 씨가 어디에서 지갑을 찾고 있어요?
　＿＿＿＿＿＿＿＿＿＿＿＿＿＿＿＿＿＿＿＿＿＿＿＿＿ .

3 완 씨 지갑은 어떤 지갑이에요?
　＿＿＿＿＿＿＿＿＿＿＿＿＿＿＿＿＿＿＿＿＿＿＿＿＿ .

4 완 씨 지갑 안에 뭐가 있어요?
　＿＿＿＿＿＿＿＿＿＿＿＿＿＿＿＿＿＿＿＿＿＿＿＿＿ .

5 유실물 센터가 어디에 있어요?
　＿＿＿＿＿＿＿＿＿＿＿＿＿＿＿＿＿＿＿＿＿＿＿＿＿ .

다 잘 들으세요. 그리고 빈칸을 채우세요.
Listen carefully and fill in the blanks.

지훈 완 씨, 왜 안 와요? 모두 완 씨를 기다리고 있어요.

완 저, 미안해요. 제가 지갑을 잃어버렸어요.
그래서 지갑을 1 _찾고_____ 있어요.

지훈 지갑요? 지금 어디예요?

완 신촌 역이에요.

지훈 그럼 지하철역 안에 사무실이 있어요. 거기 직원한테 한번 2 _____.

완 네, 고마워요.

완 저기 3 _____, 지갑을 잃어버렸어요.

직원 어떤 지갑이에요?

완 4 _____ 지갑이에요.

직원 무슨 색이에요?

완 까만색이에요. 지갑 안에 학생증하고 카드하고 돈이 있어요.

직원 잠깐만요. 혹시 5 _____?

완 아니요, 이거보다 더 작아요.

직원 그럼 여기에는 없어요.

완 아, 네.

직원 저기요, 유실물 센터에 한번 전화해 보세요.

완 유실물 센터요? 거기 전화번호가 몇 번이에요?

직원 02-6110-1122예요. 오후 6시까지 전화를 6 _____.
시청 역에 센터가 있어요.

완 감사합니다.

가 **다음 표를 완성하세요.**
Complete the tables.

동-(으)ㄹ 줄 알아요/몰라요			
수영하다		읽다	
쓰다		걷다✪	
먹다		만들다✪	

동-거나			
자다/쉬다		읽다/공부하다	
마시다/이야기하다		듣다/숙제하다	
찍다/산책하다		놀다/춤을 추다	

동 형-지만			
스키를 타다 ↔ 스노보드를 안 타다		한국어가 재미있다 ↔ 어렵다	
게임을 좋아하다 ↔ 운동을 싫어하다		김치가 맵다 ↔ 맛있다	
컴퓨터가 비싸다 ↔ 좋다		축구를 할 줄 알다 ↔ 농구를 할 줄 모르다	

동-고 있어요			
운전하다		찍다	
보다		듣다	
찾다		살다	

못 동			
수영하다		먹다	
가다		걷다✪	
받다		쓰다✪	

나　다음 단어를 확인하세요. 그리고 알맞은 것을 쓰세요.

Read over the following words and use them to fill in the blanks.

- ☐ 고등학교
- ☐ 옛날
- ☐ 인턴
- ☐ 프로그램
- ☐ 학년
- ☐ 걸어가다
- ☐ 다니다
- ☐ 뛰어가다
- ☐ 부르다
- ☐ 특히

new
졸업하다
to graduate

1　작년에 _____ 을/를 졸업했어요. 지금은 대학교에 다녀요.

2　"미나 씨!" 앤디 씨가 조금 전에 미나 씨를 큰 소리로 _____.

3　_____ 에 여기에 시장이 있었지만 지금은 백화점이 있어요.

4　수업 시간에 늦었어요. 그래서 교실까지 _____.

5　오늘 저녁에 텔레비전에서 무슨 _____ 을/를 해요?

다　다음 표현을 확인하세요. 그리고 가장 알맞은 것을 쓰세요.

Read over the following sentences and use them to complete the conversations.

- ☐ 참 좋아요.
- ☐ 모두 완 씨를 기다리고 있어요.
- ☐ 일주일에 몇 번 가야 돼요?
- ☐ 거기 직원한테 한번 물어보세요.
- ☐ 그러세요?
- ☐ 저기 죄송한데요,
- ☐ 내일은 어때요?
- ☐ 잠깐만요.
- ☐ 알겠어요.
- ☐ 유실물 센터에 한번 전화해 보세요.

1　A 오늘 우리 같이 점심 먹을까요?

　　B 미안해요. 오늘은 약속이 있어요. _____?

new
이쪽
this way

2　A _____, 서강대학교가 어디에 있어요?

　　B 이쪽으로 가세요. 걸어서 5분쯤 걸려요.

3　A 내일 수업 끝나고 학생 식당 앞에서 봐요.

　　B _____. 내일 만나요.

4　A 앤디 씨, 혹시 연필 있어요? 제가 연필이 없어요.

　　B 그래요? _____. 여기 있어요.

퀴즈

읽기 ※ [1~5] (   )에 들어갈 가장 알맞은 것을 고르십시오.

1
> 저는 자전거를 (   ) 줄 알아요.

❶ 할　　　　　❷ 탈　　　　　❸ 칠　　　　　❹ 불

2
> 핸드폰을 (   ). 그래서 친구한테 전화를 못 했어요.

❶ 잃어버렸어요　　❷ 찾아봤어요　　❸ 받았어요　　❹ 이겼어요

3
> 요즘 수업 후에 매일 아르바이트해요. 그래서 (   ).

❶ 친절해요　　　❷ 비싸요　　　❸ 쉬워요　　　❹ 힘들어요

4
> 수잔 씨는 운동(   ) 관심이 많아요. 그래서 여러 가지 운동을 배우고 있어요.

❶ 에　　　　　❷ 이　　　　　❸ 을　　　　　❹ 한테

5
> 저는 한국 음식을 모두 좋아해요. (   ) 김밥을 좋아해요.

❶ 천천히　　　❷ 이제　　　❸ 항상　　　❹ 특히

※ [6~7] 다음을 읽고 물음에 답하십시오.

> 저는 김지훈입니다. SG 방송국에서 일하고 싶습니다. 제 전공은 신문방송학입니다. 고등학생 때부터 학교 방송국에서 일했습니다. 대학생 때는 방송국에서 인턴을 했습니다.
>
> 저는 영어를 잘합니다. 대학교 2학년 때 1년 동안 미국에서 영어를 공부했습니다. 영어 번역도 할 수 있습니다. 그리고 일본어 학원에 2년 동안 다녔습니다. 그래서 일본어도 할 줄 압니다. 또, 여러 가지 컴퓨터 프로그램도 잘 사용할 줄 압니다. 특히 편집을 잘합니다.
>
> SG 방송국에서 좋은 방송을 만들고 싶습니다. 잘 부탁드립니다.
>
> E-mail : jhkim0815@amail.com
>
> 김지훈 Kim, Jihun

6 무엇에 대한 내용입니까? 알맞은 것을 고르십시오.

❶ 컴퓨터   ❷ 외국어   ❸ 방송국   ❹ 자기소개

7 윗글의 내용과 같은 것을 고르십시오.

❶ 김지훈 씨는 일본에서 일본어를 배웠습니다.

❷ 김지훈 씨는 방송국에서 인턴으로 일했습니다.

❸ 김지훈 씨는 대학교에서 영어를 전공했습니다.

❹ 김지훈 씨는 일본어 학원에서 아르바이트를 했습니다.

듣기 ※ [8] 다음을 듣고 물음에 답하십시오.

8 들은 내용과 같은 것을 고르십시오.

❶ 탁구가 어렵고 재미없어요.   ❷ 남자는 요즘 탁구를 가르쳐요.

❸ 탁구장이 남자 집에서 가까워요.   ❹ 남자는 일주일에 두 번 탁구장에 가요.

※ [9~10] 다음을 듣고 물음에 답하십시오.

9 여자는 어디에서 가방을 잃어버렸습니까? 알맞은 것을 고르십시오.

❶ 식당   ❷ 대사관   ❸ 지하철역   ❹ 버스 정류장

10 들은 내용과 같은 것을 고르십시오.

❶ 여자는 가방을 찾았어요.   ❷ 여자 가방은 빨간색 가방이에요.

❸ 가방 안에 지갑하고 여권만 있어요.   ❹ 여자는 지난주에 가방을 잃어버렸어요.

말하기 ※ 다음 그림을 보고 이야기를 만드십시오.

 → 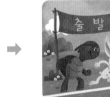 →  →

7 맛집 좀 추천해 주세요

학습 목표

학습 목표

요청하기, 경험 말하기

문법

1. 동-아/어 주세요	A : 사진 좀 찍어 주세요. B : 네.
2. 동-아/어 드릴게요	A : 문을 열어 드릴게요. B : 감사합니다.
3. 동-아/어 봤어요	A : 갈비 먹어 봤어요? B : 아니요, 못 먹어 봤어요.

어휘와 표현

말하기

한국 음식
- 순두부찌개
- 비빔밥
- 김치볶음밥
- 김밥
- 잔치국수
- 비빔국수
- 라면
- 떡볶이

문법
- 포장하다
- 켜다
- 돕다
- A/S센터
- 고장 났어요.
- 계산하다
- 가방을 들다
- 누르다
- 끄다
- 어둡다
- 가지고 오다
- 외국
- 찜질방
- 번지 점프를 하다
- 낚시하다

대화
- 자리를 바꾸다
- 테이블을 닦다
- 지저분하다
- 오이를 빼다
- 다 먹을 수 없다
- 맛집
- 추천하다
- 이따가
- 예매
- 확인(을) 하다
- 소개하다
- 알리다

읽고 말하기
- 만들어 주셨습니다.
- 불고기
- 부탁하다
- 언제든지
- 며칠 후
- 먼저
- 간장
- 설탕
- 참기름
- 마늘
- 넣다
- 섞다
- 소고기
- 당근
- 양파
- 파
- 볶다
- 기쁘다
- 말씀하셨습니다.

듣고 말하기
- 메뉴판
- A : 뭐 주문하시겠어요?
   B : 잠깐만 기다려 주세요.
- 삼겹살
- 시키다
- 배가 고프다
- 2인분
- 굽다
- 저기요!
- 반찬
- 반찬은 셀프예요.
- 셀프 코너
- 제가 가지고 올게요.
- 식사는 뭘로 하시겠어요?
- 한번 드셔 보세요.
- 식사가 나오다
- 자르다

동-아/어 주세요

가　문장을 쓰세요.

Look at the picture and write the sentence using '-아/어 주세요'.

1

포장하다

포장해 주세요 .

2

창문을 닫다

　　　　　　　　　.

3

기다리다

　　　　　　　　　.

4

에어컨을 켜다

　　　　　　　　　.

5

이름을 쓰다✪

　　　　　　　　　.

6

돕다✪

　　　　　　　　　.

나　문장을 완성하세요.

Make the sentences using '-아/어 주세요'.

1　교실이 너무 더워요.
　　　창문 좀 열어 주세요 .
　　　　　　창문을 열다

2　내일 숙제를 몰라요.
　　　　　　　　　　　.
　　　　　　가르치다

3　볼펜이 없어요.
　　　　　　　　　　　.
　　　　　　빌리다

4　약속 시간에 좀 늦을 거예요.
　　　　　　　　　　　.
　　　　　　기다리다

5　<A/S센터> 핸드폰이 고장 났어요.
　　　　　　　　　　　.
　　　　　　고치다

고치다
to fix

말씀하다
(honorific)
to speak

6　미안해요. 잘 못 들었어요.
　　　　　　　　　　　.
　　　　　　다시 말씀하다

동-아/어 드릴게요

가 문장을 쓰세요.

Look at the picture and write the sentence using '-아/어 드릴게요'.

1

계산하다

<u>계산해 드릴게요</u>.

2

커피를 사다

_____.

3

사진을 찍다

_____.

4

가방을 들다

_____.

5

누르다✪

_____.

6

돕다✪

_____.

나 대화를 완성하세요.

Complete the conversations using '-아/어 드릴게요'.

1 A 좀 추워요.

B 그래요? <u>에어컨을 꺼 드릴게요</u>.

　　　　　에어컨을 끄다

2 A 춤을 배우고 싶어요.

B 그래요? _____.

　　　　　댄스 교실을 소개하다

3 A 여기 너무 어두워요.

B 그래요? _____.

　　　　　불을 켜다

4 A 지갑을 안 가지고 왔어요.

B 그래요? _____.

　　　　　점심을 사다

5 A 우산이 없어요.

B 그래요? _____.

　　　　　우산을 빌리다

6 A 주말에 이사할 거예요.

B 그래요? _____.

　　　　　돕다✪

동 -아/어 봤어요

가 **문장을 쓰세요.**

Look at the picture and write the sentence using '-아/어 봤어요'.

1

외국에서 운전하다

외국에서 운전해 봤어요.

2

찜질방에 가다

_____.

3

막걸리를 마시다

_____.

4

한복을 입다

_____.

5

한국 노래를 듣다 ✪

_____.

6

한국 영화를 보다 ✪

_____.

나 **대화를 완성하세요.**

Complete the conversations using '-아/어 봤어요'.

1 **A** 번지 점프를 해 봤어요?

B 네, 해 봤어요 _____.

2 **A** 혼자 여행해 봤어요?

B 아니요, _____.

3 **A** 낚시해 봤어요?

B 아니요, _____.

4 **A** _____?
유명한 사람을 만나다

B 네, _____.

5 **A** _____?
한국 책을 읽다

B 아니요, _____.

6 **A** _____?
김치를 만들다

B 네, _____.

Focus

하다 → 해 주세요	'아', '오' + -아 주세요	other + -어 주세요
포장하다 : 포장해 주세요	사다 : 사 주세요	읽다 : 읽어 주세요

ⓒ 듣다 : 들어 주세요
ⓓ 쓰다 : 써 주세요
ⓔ 돕다 : 도와 주세요
ⓕ 자르다 : 잘라 주세요

하다 → 해 드릴게요	'아', '오' + -아 드릴게요	other + -어 드릴게요
계산하다 : 계산해 드릴게요	사다 : 사 드릴게요	찍다 : 찍어 드릴게요

ⓓ 끄다 : 꺼 드릴게요
ⓔ 굽다 : 구워 드릴게요
ⓕ 누르다 : 눌러 드릴게요

	동-아/어 주세요	동-아/어 드릴게요
청소하다		
사다		
찍다		
가르치다		
듣다✪		
쓰다✪		
굽다✪		
자르다✪		

하다 → 해 봤어요	'아', '오' + -아 봤어요	other + -어 봤어요
운전하다 : 운전해 봤어요	가다 : 가 봤어요	읽다 : 읽어 봤어요

ⓒ 듣다 : 들어 봤어요
ⓓ 쓰다 : 써 봤어요

	동-아/어 봤어요
운전하다	
만나다	
읽다	
가르치다	
듣다✪	
쓰다✪	
자르다✪	
보다✪	

가 빈칸을 채우세요.
Fill in the blanks using words from the box.

이따가	먹어 보셨어요	알려 드릴게요
~~자리 좀 바꿔 주세요~~	추천해 주세요	

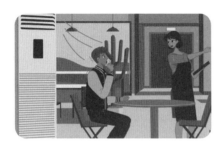

앤디　　여기요, 순두부찌개 하나 주세요.

직원　　네.

　　　　…

앤디　　저, 죄송하지만 1 <u>자리 좀 바꿔 주세요</u>.

　　　　너무 추워요.

직원　　네, 알겠습니다.

앤디　　감사합니다.

앤디　　미나 씨, 저 ….

미나　　네, 앤디 씨. 왜요?

앤디　　다음 주에 친구가 한국에 와요.

　　　　맛집 좀 2 _____.

미나　　네, 알겠어요. 그런데 지금은 좀 바빠요.

　　　　조금 3 _____ 추천해 드릴게요.

앤디　　고마워요.

가브리엘　바야르 씨, 비빔밥 4 _____?

바야르　　네, 먹어 봤어요. 가브리엘 씨는요?

가브리엘　아직 못 먹어 봤어요. 바야르 씨가 맛있는

　　　　　식당 좀 소개해 주세요.

바야르　　네, 제가 5 _____.

가브리엘　고마워요.

가 알맞은 것을 쓰세요.
Fill in the blanks using words from the box.

| 넣다 | 짜다 | 먼저 | 며칠 후 | 언제든지 |

1 ___언제든지___ 편한 시간에 연락하세요.

2 식사 전에 _____ 손을 씻어야 합니다.

3 앤디 씨는 보통 라면에 계란을 _____.

4 _____ 음식은 건강에 좋지 않습니다. 그러니까 자주 먹지 마세요.

5 노트북을 고치러 A/S센터에 갔습니다. _____ 에 노트북을 찾았습니다.

나 학생책 141쪽을 읽으세요. 질문에 답을 쓰세요.
Read page 141 of the student book and answer the questions.

1 완 씨는 지난 주말에 뭐 했어요?

완 씨는 지난 주말에 반 친구들하고 미나 씨 집에 놀러 갔어요.

2 누가 완 씨한테 불고기를 가르쳐 줬어요?

_____.

3 불고기를 어떻게 만들어요?

_____.

4 불고기 맛이 어땠어요? (완 씨, 미나 씨 어머니)

_____.

5 두 사람은 다음에 무슨 음식을 만들 거예요?

_____.

91

다 알맞은 것을 쓰세요.
Fill in the blanks using words from the box.

~~부탁하다~~	볶다	섞다	기쁘다	달다

지난 주말에 완 씨는 반 친구들하고 미나 씨 집에 놀러 갔습니다. 미나 씨 어머니가 한국 음식을 만들어 주셨습니다. 완 씨는 친구들하고 음식을 맛있게 먹었습니다. 특히 불고기가 맛있었습니다. 그래서 완 씨는 미나 씨 어머니한테 1 _부탁했습니다_.

"불고기가 참 맛있어요. 어떻게 만들어요? 좀 가르쳐 주세요."

"그래요? 언제든지 오세요. 가르쳐 드릴게요."

며칠 후에 완 씨는 불고기를 배우러 미나 씨 집에 갔습니다. 완 씨는 미나 씨 어머니하고 같이 불고기를 만들었습니다.

먼저 간장에 설탕, 참기름, 마늘을 넣고 2 _____. 그리고 소고기에 그 간장을 넣고 30분쯤 기다렸습니다. 그다음에 고기를 당근, 양파, 파하고 같이 3 _____. 완 씨 불고기는 조금 짰지만 미나 씨 어머니 불고기는 4 _____ 아주 맛있었습니다. 완 씨는 이제 불고기를 잘 만들 수 있습니다. 그래서 아주 5 _____.

미나 씨 어머니가 말씀하셨습니다.

"완 씨, 혹시 태국 음식을 만들 줄 알아요? 저도 좀 가르쳐 주세요."

"그럼요! 다음에는 제가 태국 음식을 가르쳐 드릴게요."

가 알맞은 것을 쓰세요.
Fill in the blanks using words from the box.

| 굽다 | 시키다 | 2인분 | 배가 고프다 |

1 A 뭐 _시킬까요_ ?

   B 저는 비빔밥요.

2 A 앤디 씨가 지금 뭐 하고 있어요?

   B 부엌에서 삼겹살을 _____ 있어요.

3 A 가브리엘 씨, 1시에 점심을 먹을까요?

   B 아니요, 지금 먹으러 가요. 너무 _____.

4 A 어서 오세요. 몇 분이세요?

   B 두 명이요.

   A 뭐 주문하시겠어요?

   B 떡볶이 _____ 주세요.

나 잘 듣고 질문에 답을 쓰세요.
Listen carefully and answer the questions.

1 두 사람은 삼겹살을 먹어 봤어요?
   바야르 씨는 삼겹살을 먹어 봤지만 가브리엘 씨는 못 먹어 봤어요 .

2 가브리엘 씨가 "빨리 시킬까요?"라고 말했어요. 왜요?
   _____.

3 반찬을 더 먹고 싶어요. 어떻게 해야 해요?
   _____.

4 식사 메뉴에 뭐가 있어요?
   _____.

5 바야르 씨가 "가위 좀 주세요."라고 말했어요. 직원이 뭐라고 대답했어요?
   _____.

다 잘 들으세요. 그리고 빈칸을 채우세요.

Listen carefully and fill in the blanks.

바야르	저기요, 테이블 좀 닦아 주세요.
직원	네, 알겠습니다. 메뉴판 여기 있어요. 뭐 1 <u>주문하시겠어요</u> ?
바야르	잠깐만 기다려 주세요.

바야르	가브리엘 씨, 혹시 삼겹살 먹어 봤어요?
가브리엘	아니요, 못 먹어 봤어요. 맛있어요?
바야르	네, 아주 맛있어요. 한번 2 _____ 보세요.
가브리엘	좋아요. 빨리 3 _____ ? 배가 너무 고파요.

바야르	저기요, 삼겹살 2인분 주세요.
직원	삼겹살 2인분 나왔습니다. 제가 구워 드릴게요.
바야르	와! 감사합니다.
가브리엘	와! 감사합니다.

가브리엘	저기요! 반찬 좀 더 주세요.
직원	반찬은 셀프예요. 셀프 코너는 저기에 있어요.
가브리엘	제가 4 _____ 올게요.

직원	식사는 뭘로 하시겠어요?
바야르	뭐가 있어요?
직원	냉면하고 된장찌개가 있어요.
가브리엘	음, 된장찌개가 맵지 않아요?
직원	안 매워요. 맛있어요. 한번 5 _____.
가브리엘	그럼 저는 된장찌개요.
바야르	저는 물냉면이요.

직원	여기 식사 6 _____. 맛있게 드세요.
바야르	저, 가위 좀 주세요.
직원	제가 잘라 드릴게요.
바야르	감사합니다.

8 말하기 수업이 재미있어서 좋았어요

문법

1. 동 형 -아/어서	A : 왜 한국어를 배워요?	
	B : 한국 문화를 좋아해서 한국어를 배워요.	
2. 동 형 -지요?	A : 떡볶이가 맛있지요?	
	B : 네, 정말 맛있어요.	
3. 동 -(으)려고 해요	A : 방학 때 뭐 할 거예요?	
	B : 여행을 가려고 해요.	

어휘와 표현

말하기		읽고 말하기	듣고 말하기
이유	**대화**	☐ 처음	☐ 출발하다
☐ 머리가 아프다	☐ 저도 다 못 했어요.	☐ 건물	☐ 그러니까
☐ 시간이 없다	☐ 인터뷰 준비하다	☐ 휴게실	☐ 두껍다
☐ 너무 피곤하다	☐ 졸업식	☐ 부지런하다	☐ 필요하다
☐ 일이 생기다	☐ 시험공부하다	☐ 휴일	☐ 사다 주다
☐ 다른 일이 있다	☐ 제일	☐ 거의 다 알아요.	☐ 제목
☐ 숙제가 많다	☐ 저도요.	☐ 정말	☐ 메시지로 보낼게요.
☐ 감기에 걸리다	☐ 벌써 다 끝났어요.	☐ 똑똑하다	☐ 준비 다 했어요?
☐ 바쁘다	☐ 시간이 빠르다	☐ 가끔	☐ 거의 다 했어요.
☐ 시험이 있다	☐ 방학 잘 보내세요.	☐ 즐겁다	☐ 걱정되다
	☐ 여기저기		☐ 금방

동 형 -아/어서

가 문장을 쓰세요.

Write the sentences using '-아/어서'.

1

떡볶이를 좋아하다 → 자주 먹다

떡볶이를 좋아해서 자주 먹어요 .

2

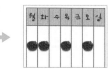
머리가 아프다✪ → 약을 먹었다

_____ .

3

시간이 없다 → 숙제를 못 했다

_____ .

4

내일 친구가 한국에 오다 → 공항에 가야 하다

_____ .

🔍 Focus

하다 → 해서	'아', '오' + -아서	other + -어서
좋아하다 : 좋아해서	가다 : 가서	먹다 : 먹어서

- ⓒ 듣다 : 들어서
- ⓓ 쓰다 : 써서
- ⓑ 춥다 : 추워서
- ⓔ 빠르다 : 빨라서

나 대화를 완성하세요.

Complete the conversations using '-아/어서'.

1 A 왜 피곤해요?

　B *어제 늦게 자서 피곤해요* .
　　　어제 늦게 자다

2 A 왜 아침을 안 먹었어요?

　B _____ .
　　　늦게 일어나다

3 A 왜 약속 장소에 늦게 왔어요?

　B _____ .
　　　버스를 잘못 타다

4 A 왜 기분이 좋아요?

　B _____ .
　　　시험을 잘 보다

5 A 왜 어제 학교에 안 왔어요?

　B _____ .
　　　아프다

6 A 왜 한국어를 배워요?

　B _____ .
　　　한국 친구하고 이야기하고 싶다

동 형 -지요?

가 문장을 쓰세요.

Look at the picture and write the sentence using '-지요?'.

1

한국 음악을 좋아하다

한국 음악을 좋아하지요 ?

2

한국어 공부가 재미있다

_____ ?

3

서울에 카페가 많다

_____ ?

4

요즘 바쁘다

_____ ?

5

어제 7과를 배웠다

_____ ?

6

어제 숙제가 있었다

_____ ?

🔍 Focus

vowel, consonant + -지요?	
바쁘다 : 바쁘지요?	많다 : 많지요?

나 대화를 완성하세요.

Complete the conversations using '-지요?'.

1 A 오늘 날씨가 좋지요 ?
　　　　　　　좋다

　B 네, 날씨가 좋아요.

2 A 주말에 _____ ?
　　　　　　　바쁘다

　B 네, 아르바이트를 해야 해요.

3 A 한국어 공부가 _____ ?
　　　　　　　재미있다

　B 네, 재미있어요.

4 A 한국 음식을 _____ ?
　　　　　　　좋아하다

　B 네, 좋아해요.

5 A 오늘 오후에 _____ ?
　　　　　　　도서관에 가다

　B 아니요, 오늘은 집에 가요.

6 A 어제 _____ ?
　　　　　　　일찍 잤다

　B 아니요, 늦게 잤어요.

동-(으)려고 해요

가 **문장을 쓰세요.**
Look at the picture and write the sentence using '-(으)려고 해요'.

1

친구를 만나다

친구를 만나려고 해요   .

2

운전을 배우다

_____.

3

한국 책을 읽다

_____.

4

새 집을 찾다

_____.

5

공원에서 걷다☆

_____.

6

친구들하고 놀다☆

_____.

Focus

vowel + -려고 해요	consonant + -으려고 해요
가다 : 가려고 해요	먹다 : 먹으려고 해요

ⓒ 걷다 : 걸으려고 해요

ⓔ 놀다 : 놀려고 해요

나 **대화를 완성하세요.**
Complete the conversations using '-(으)려고 해요'.

1 A 수업 후에 뭐 할 거예요?

B 카페에서 공부하려고 해요   .
　　　　　카페에서 공부하다

2 A 내일 뭐 할 거예요?

B   .
　　　　　집에서 쉬다

3 A 주말에 뭐 하려고 해요?

B   .
　　　　　책을 읽다

4 A 다음 학기에도 한국어를 배워요?

B 아니요,   .
　　　　　고향에 가다

5 A 언제까지 한국에 있을 거예요?

B   .
　　　　　내년 3월까지 있다

6 A 내년에 특별한 계획이 있어요?

B   .
　　　　　한국에서 일하다

가 빈칸을 채우세요.

Fill in the blanks using words from the box.

~~숙제했지요~~	여행 가려고	일어나야	빨라요	제일	다 못 했어요

한스　하루카 씨, 1 <u>숙제했지요</u> ?

하루카　아니요, 못 했어요.

한스　왜요?

하루카　시간이 없어서 못 했어요.

한스　그래요? 저도 2 _____.

오늘 같이 할까요?

하루카　좋아요. 같이 해요.

사라　렌핑 씨, 이번 학기가 어땠어요?

렌핑　아주 좋았어요.

사라　뭐가 3 _____ 좋았어요?

렌핑　말하기 수업이 재미있어서 좋았어요.

사라　저도요. 그런데 저는 일찍 4 _____

해서 좀 힘들었어요.

앤디　이번 학기가 벌써 다 끝났어요.

바야르　네, 시간이 정말 5 _____.

앤디　바야르 씨는 방학 때 뭐 할 거예요?

바야르　저는 고향에 갔다 올 거예요. 앤디 씨는요?

앤디　저는 부산에 6 _____ 해요.

바야르　아, 그래요? 앤디 씨, 그럼 방학 잘 보내세요.

100

가 알맞은 것을 쓰세요.
Fill in the blanks using words from the box.

건물	휴일	여기저기	즐겁다	가끔

1 서강대학교 빨간색 _____건물_____ 8층에 한국어 교실이 있어요.

2 오늘은 _____ 이에요. 그래서 수업이 없어요.

3 저는 보통 집에서 영화를 봐요. 영화관에는 _____ 가요.

4 서울은 재미있는 도시예요. 이번 방학 때 서울 _____ 를 구경할 거예요.

5 서강대에는 말하기 활동이 많아서 수업이 정말 _____.

> new
> 활동
> activity

나 학생책 159쪽을 읽으세요. 질문에 답을 쓰세요.
Read page 159 of the student book and answer the questions.

1 앤디 씨는 언제 한국에 왔어요?

  앤디 씨는 세 달 전에 한국에 왔어요.

2 앤디 씨 반 친구들을 소개해 주세요.

  _____.

3 앤디 씨는 왜 학생 식당에 자주 가요?

  _____.

4 앤디 씨는 점심 식사 후에 뭐 해요?

  _____.

5 앤디 씨는 방학 때 뭐 할 거예요?

  _____.

다 알맞은 것을 쓰세요.
Fill in the blanks using words from the box.

| 먹다 | ~~배우다~~ | 이야기하다 | 똑똑하다 | 부지런하다 | 거의 다 |

안녕하세요? 오늘은 제 학교 생활을 소개해 드릴게요. 저는 작년에 미국에서 한국어 공부를 시작했지만 너무 어려워서 잘 못했어요. 그래서 세 달 전에 한국어를 1 배우러 한국에 왔어요. 처음에는 친구들하고 영어로 이야기했어요. 그런데 이제 한국어로 2 _____ 수 있어요.

여기 보세요. 빨간색 건물이 있지요? 여기에서 한국어를 배워요. 이 건물 안에 교실, 사무실, 휴게실, 스터디 카페가 있어요. 우리 반 교실은 8층에 있어요. 여기가 교실이에요. 9시부터 1시까지 여기에서 공부해요.

우리 반 친구들이에요. 이분은 한스 씨예요. 한스 씨는 아주 3 _____. 오전에 한국어를 배우고 오후에 회사에 가요. 휴일에는 등산하거나 수영해요. 이분은 사라 씨예요. 사라 씨는 한국 영화를 아주 좋아해요. 한국 영화 배우 이름을 4 _____ 알아요. 하루카 씨는 우리 반에서 한국어를 제일 잘해요. 정말 5 _____ 친절해요.

수업 후에 학생 식당에 가요. 메뉴가 매일 다르고 가격이 싸서 여기에 자주 가요. 점심 식사 후에는 운동해요. 가끔 가브리엘 씨, 렌핑 씨하고 축구를 하거나 수잔 씨하고 테니스를 쳐요.

시험 전에는 반 친구들하고 스터디 카페에 가요. 여기에서 같이 공부해요.

이번 학기가 다음 주에 끝나요. 방학 때 한국 친구들하고 부산에 여행 갈 거예요. 부산에서 여기저기 구경하고 맛있는 음식도 6 _____ 해요. 한국 생활이 바쁘지만 진짜 즐거워요. 다음에는 부산 여행도 소개할게요.

가 알맞은 것을 쓰세요.

Fill in the blanks using words from the box.

걱정되다	두껍다	필요하다	~~그러니까~~

1 A 인사동에 버스로 어떻게 가요?

B 금요일에는 길이 막혀요. <u>그러니까</u> 지하철을 타세요.

2 A 내일부터 태권도를 배워요. 뭐가 _____?

B 편한 옷을 준비하세요.

3 A 지훈 씨 고양이도 잘 지내지요?

B 아니요, 요즘 고양이가 조금 아파요. 정말 _____.

4 A 앤디 씨, 좀 춥지 않아요?

B 이 옷이 _____ 춥지 않아요.

나 잘 듣고 질문에 답을 쓰세요.

Listen carefully and answer the questions.

1 제니 씨는 언제 한국에 도착해요?

 제니 씨는 다음 주 월요일 한국 시간으로 저녁 6시에 도착해요 _____.

2 제니 씨는 왜 두꺼운 옷을 가지고 와요?

_____.

3 지훈 씨는 제니 씨한테 무엇을 부탁했어요? 왜요?

_____.

4 제니 씨는 준비를 다 했어요?

_____.

5 제니 씨가 걱정해요. 그래서 지훈 씨가 뭐라고 말했어요?

_____.

다 잘 들으세요. 그리고 빈칸을 채우세요.
Listen carefully and fill in the blanks.

제니	여보세요.
지훈	제니 씨, 저 지훈이에요.
제니	안녕하세요? 지훈 씨. 전화 기다렸어요.
지훈	제니 씨, 다음 주에 1 출발하지요 ?
제니	네, 다음 주 월요일 아침 9시에 출발해요.
지훈	한국 2 _____ 9시요?
제니	아니요, 시드니 시간 9시에 출발해요.
	그리고 한국 시간으로 저녁 6시에 도착할 거예요.
지훈	그래요? 그럼 제니 씨, 월요일에 공항에서 만나요. 제가 갈게요.
제니	정말요? 고마워요. 참! 지훈 씨, 요즘 한국 날씨가 어때요? 추워요?
지훈	네, 요즘 많이 추워요. 그러니까 3 _____ 옷을 꼭 가지고 오세요.
제니	네, 알겠어요. 지훈 씨는 뭐 4 _____ 거 없어요?
지훈	글쎄요. 아, 영어 책 좀 사다 줄 수 있어요?
제니	영어 책요?
지훈	네, 제가 읽고 싶은 영어 책이 있어요. 5 _____ 책 제목을 메시지로 보낼게요.
제니	네, 알겠어요. 그리고 또 필요한 거 없어요?
지훈	없어요. 그런데 준비 다 했어요?
제니	거의 다 했어요. 그런데 한국어를 잘 못해서 걱정돼요.
지훈	걱정하지 마세요. 제니 씨는 6 _____ 잘할 거예요.
제니	고마워요, 지훈 씨.
지훈	그럼 제니 씨, 공항에서 만나요.
제니	네, 지훈 씨. 그때 만나요.

가 다음 표를 완성하세요.
Complete the tables.

동-아/어 주세요			
말하다		듣다⭐	
가다		쓰다⭐	
읽다		누르다⭐	

동-아/어 드릴게요			
청소하다		끄다⭐	
사다		돕다⭐	
빌리다		자르다⭐	

동-아/어 봤어요			
운전하다		만들다	
가다		듣다⭐	
입다		보다⭐	

동 형-아/어서			
운동하다		걷다⭐	
좋다		바쁘다⭐	
배우다		어렵다⭐	

동 형-지요?			
일하다		먹다	
가다		배우다	
듣다		살다	

동-(으)려고 해요			
자다		듣다⭐	
쉬다		살다⭐	
읽다		굽다⭐	

나 다음 단어를 확인하세요. 그리고 알맞은 것을 쓰세요.
Read over the following words and phrases and use them to fill in the blanks.

> ☐ 공연　　☐ 언제든지　　☐ 외국　　☐ 계산하다　　☐ 부지런하다
> ☐ 벌써 다　　☐ 사다 주다　　☐ 알리다　　☐ 어둡다　　☐ 일이 생기다

1 졸업식 때 춤이나 노래 _____을/를 해요.

2 한스 씨는 아침에 수영하고 학교에 가요. 오후에 일도 해요. _____.

3 내일 숙제가 뭐예요? _____ 주세요.

4 지금 카페에 가세요? 제 커피 한 잔 _____.

5 방이 _____. 불을 켜 주세요.

다 다음 표현을 확인하세요. 그리고 가장 알맞은 것을 쓰세요.
Read over the following sentences and use them to complete the conversations.

> ☐ 뭐 주문하시겠어요?　　　　☐ 저도 다 못 했어요.
> ☐ 잠깐만 기다려 주세요.　　　☐ 방학 잘 보내세요.
> ☐ 반찬은 셀프예요.　　　　　☐ 메시지로 보낼게요.
> ☐ 식사는 뭘로 하시겠어요?　☐ 준비 다 했어요?
> ☐ 한번 드셔 보세요.　　　　　☐ 거의 다 했어요.

1 A 저기요, 이 반찬 좀 더 주세요.

　 B _____. 저기에서 가지고 가세요.

2 A 이 집에서 뭐가 맛있어요?

　 B 순두부찌개가 맛있어요. _____.

3 A 다음 주에 여행 가지요? _____?

　 B 아니요, 너무 바빠서 아직 다 못 했어요.

4 A 약속 장소가 어디예요? 위치를 잘 모르겠어요.

　 B 잠깐만요, 제가 위치를 _____.

퀴즈

읽기 ※ [1~5] (   )에 들어갈 가장 알맞은 것을 고르십시오.

1 어제 배가 (   ) 학교에 못 갔어요.

   ❶ 생겨서   ❷ 고파서   ❸ 아파서   ❹ 나서

2 도서관에서 책을 빌리고 싶어요. 그럼 학생증이 (   ).

   ❶ 시켜요   ❷ 필요해요   ❸ 사다 줘요   ❹ 출발해요

3 약속 장소에 거의 다 왔어요. (   ) 도착해요.

   ❶ 금방   ❷ 이따가   ❸ 벌써   ❹ 먼저

4 식당에서 음식을 시켰어요. 음식이 30분 후에 (   ).

   ❶ 나왔어요   ❷ 주문했어요   ❸ 계산했어요   ❹ 걸렸어요

5 일이 (   ) 파티에 못 갔어요.

   ❶ 와서   ❷ 돼서   ❸ 걸려서   ❹ 생겨서

※ [6~7] 다음을 읽고 물음에 답하십시오.

서강 식당				모든 메뉴 포장됩니다. 물, 반찬 셀프
불고기	₩15,000(2인분부터)	잔치국수	₩9,000	02-705-8088
김치찌개	₩10,000	비빔밥	₩9,000	식사·포장 10am - 10pm
순두부찌개	₩10,000			

6 서강 식당에서 무슨 음식을 먹을 수 있습니까?

   ❶ 일식   ❷ 중식

   ❸ 한식   ❹ 간식

7 윗글의 내용과 같은 것을 고르십시오.

   ❶ 잔치국수는 포장할 수 없어요.

   ❷ 오전 9시에 식사할 수 있어요.

   ❸ 불고기 1인분을 시킬 수 있어요.

   ❹ 반찬은 손님이 가지고 와야 해요.

듣기 ※ [8] 다음을 듣고 물음에 답하십시오.

8 남자의 질문에 알맞은 여자의 대답을 고르십시오.

   ❶ 네, 삼겹살이 맛있어요.　　　　　❷ 네, 포장할 수 있어요.

   ❸ 네, 서강 식당이 맛있어요.　　　　❹ 네, 저는 김치찌개를 좋아해요.

※ [9~10] 다음을 듣고 물음에 답하십시오.

9 여기는 어디입니까? 알맞은 장소를 고르십시오.

   ❶ 버스　　　　　　　　　　　　　❷ 택시

   ❸ 비행기　　　　　　　　　　　　❹ 지하철

10 들은 내용과 같은 것을 고르십시오.

   ❶ 얇은 옷을 준비해야 해요.　　　　❷ 한국 날씨가 아주 추워요.

   ❸ 30분 후에 뉴욕에 도착해요.　　　❹ 지금 뉴욕 시간은 오전 10시예요.

말하기 ※ 다음 그림을 보고 앤디 씨의 한국 생활에 대해 말해 보십시오.

부록 Appendix

문형 활용표

	하다	사다	싸다	읽다	적다
동 형 -아/어요	해요	사요	싸요	읽어요	적어요
동 형 -았/었어요	했어요	샀어요	쌌어요	읽었어요	적었어요
동 형 -아/어야 해요	해야 해요	사야 해요	싸야 해요	읽어야 해요	적어야 해요
동 -아/어 보세요	해 보세요	사 보세요	-	읽어 보세요	-
동 -아/어 주세요	해 주세요	사 주세요	-	읽어 주세요	-
동 -아/어 드릴게요	해 드릴게요	사 드릴게요	-	읽어 드릴게요	-
동 -아/어 봤어요	해 봤어요	사 봤어요	-	읽어 봤어요	-
동 형 -아/어서	해서	사서	싸서	읽어서	적어서
동 -(으)러 가요	하러 가요	사러 가요	-	읽으러 가요	-
동 -(으)ㄹ 거예요	할 거예요	살 거예요	-	읽을 거예요	-
동 -(으)ㄹ 수 있어요	할 수 있어요	살 수 있어요	-	읽을 수 있어요	-
동 -(으)ㄹ 줄 알아요	할 줄 알아요	살 줄 알아요	-	읽을 줄 알아요	-
동 -(으)ㄹ까요?	할까요?	살까요?	-	읽을까요?	-
동 형 -(으)세요	하세요	사세요	싸세요	읽으세요	적으세요
동 형 -(으)셨어요	하셨어요	사셨어요	싸셨어요	읽으셨어요	적으셨어요
동 -(으)려고 해요	하려고 해요	사려고 해요	-	읽으려고 해요	-
형 -(으)ㄴ 명	-	-	싼	-	적은
동 -고 싶어요	하고 싶어요	사고 싶어요	-	읽고 싶어요	-
동 -지 마세요	하지 마세요	사지 마세요	-	읽지 마세요	-
동 형 -지 않아요	하지 않아요	사지 않아요	싸지 않아요	읽지 않아요	적지 않아요
동 형 -고	하고	사고	싸고	읽고	적고
동 -거나	하거나	사거나	-	읽거나	-
동 형 -지만	하지만	사지만	싸지만	읽지만	적지만
동 -고 있어요	하고 있어요	사고 있어요	-	읽고 있어요	-
동 형 -지요?	하지요?	사지요?	싸지요?	읽지요?	적지요?
동 형 -ㅂ/습니다	합니다	삽니다	쌉니다	읽습니다	적습니다
동 형 -았/었습니다	했습니다	샀습니다	쌌습니다	읽었습니다	적었습니다

듣다	쓰다	바쁘다	만들다	길다	춥다	빠르다
어요	써요	바빠요	만들어요	길어요	추워요	빨라요
었어요	썼어요	바빴어요	만들었어요	길었어요	추웠어요	빨랐어요
어야 해요	써야 해요	바빠야 해요	만들어야 해요	길어야 해요	추워야 해요	빨라야 해요
어 보세요	써 보세요	-	만들어 보세요	-	-	-
어 주세요	써 주세요	-	만들어 주세요	-	-	-
어 드릴게요	써 드릴게요	-	만들어 드릴게요	-	-	-
어 봤어요	써 봤어요	-	만들어 봤어요	-	-	-
어서	써서	바빠서	만들어서	길어서	추워서	빨라서
으러 가요	쓰러 가요	-	만들러 가요	-	-	-
을 거예요	쓸 거예요	-	만들 거예요	-	-	-
을 수 있어요	쓸 수 있어요	-	만들 수 있어요	-	-	-
을 줄 알아요	쓸 줄 알아요	-	만들 줄 알아요	-	-	-
을까요?	쓸까요?	-	만들까요?	-	-	-
으세요	쓰세요	바쁘세요	만드세요	기세요	추우세요	빠르세요
으셨어요	쓰셨어요	바쁘셨어요	만드셨어요	기셨어요	추우셨어요	빠르셨어요
으려고 해요	쓰려고 해요	-	만들려고 해요	-	-	-
-	-	바쁜	-	긴	추운	빠른
고 싶어요	쓰고 싶어요	-	만들고 싶어요	-	-	-
지 마세요	쓰지 마세요	-	만들지 마세요	-	-	-
지 않아요	쓰지 않아요	바쁘지 않아요	만들지 않아요	길지 않아요	춥지 않아요	빠르지 않아요
고	쓰고	바쁘고	만들고	길고	춥고	빠르고
거나	쓰거나	-	만들거나	-	-	-
지만	쓰지만	바쁘지만	만들지만	길지만	춥지만	빠르지만
고 있어요	쓰고 있어요	-	만들고 있어요	-	-	-
지요?	쓰지요?	바쁘지요?	만들지요?	길지요?	춥지요?	빠르지요?
습니다	씁니다	바쁩니다	만듭니다	깁니다	춥습니다	빠릅니다
었습니다	썼습니다	바빴습니다	만들었습니다	길었습니다	추웠습니다	빨랐습니다

인터뷰 질문

자기소개

1. 이름이 뭐예요?

2. 어느 나라 사람이에요? / 어느 나라에서 오셨어요?

3. 무슨 일을 하세요?

4. 언제 한국에 오셨어요?

5. 왜 한국에 오셨어요?

한국어 공부

1. 한국어를 얼마 동안 공부하셨어요?

2. 왜 한국어를 공부하세요?

3. 어디에서 한국어를 공부하세요?

4. 한국어 공부가 어때요?

5. 어느 나라 말을 할 줄 아세요?

6. 한국어하고 (영어, 일본어, 프랑스어…) 중에서
   뭐가 더 어려워요?

시간

1. 오늘이 며칠이에요?

2. 오늘이 무슨 요일이에요?

3. 지금 몇 시예요?

생일

1. 생일이 며칠이에요?

2. 작년 생일에 뭐 하셨어요?

3. 작년 생일에 무슨 선물을 받으셨어요?

4. 내년 생일에 무슨 선물을 받고 싶으세요?

집

1. 집이 어디에 있어요?

2. 집 앞에 뭐가 있어요?

3. 집에서 학교까지 어떻게 오세요? 얼마나 걸려요?

4. 집이 어때요?

학교

1. 교실에 학생이 몇 명 있어요?

2. 어느 나라 사람이 있어요?

3. 보통 반 친구하고 뭐 하세요?

일상생활(현재)

1. 보통 몇 시에 일어나고 몇 시에 주무세요?

2. 하루에 몇 시간 동안 주무세요?

3. 보통 아침에 뭐 드세요?

4. 학교에 몇 시에 오세요?

5. 수업 후에 어디에 가세요? 뭐 하세요?

6. 보통 몇 시에 집에 가세요? 집에서 뭐 하세요?

일상생활(과거)

1. 오늘 아침에 몇 시에 일어나셨어요?

2. 오늘 아침에 뭐 하셨어요?

3. 어제 오후에 뭐 하셨어요?

4. 지난 주말에 뭐 하셨어요?

일상생활(미래)

1. 오늘 수업 후에 뭐 할 거예요?

2. 이번 주말에 뭐 할 거예요?

3. 방학 때 뭐 하고 싶으세요?

취미

1. 시간이 있을 때 뭐 하세요?

2. 무슨 운동을 할 줄 아세요?

3. 기타(피아노…) 칠 줄 아세요?

여행

1. 한국에서 어디에 가 보셨어요?
   거기에서 뭐 하셨어요? 어땠어요?

2. 어느 나라를 여행해 보셨어요? 어땠어요?

3. 어느 나라에 가고 싶으세요? 왜요?

음식

1. 무슨 음식을 좋아하세요?

2. 한국 음식을 먹어 보셨어요? 한국 음식 중에서
   무슨 음식이 맛있어요?

3. 무슨 음식을 만들 수 있으세요?

좋아하는 것

1. 봄하고 여름하고 가을하고 겨울 중에서 언제가
   좋으세요?

2. 어떤 운동을 좋아하세요?

3. 어떤 영화를 좋아하세요?

4. 어떤 음악을 좋아하세요?

5. 무슨 색을 좋아하세요?

한국

1. 한국에서 뭐가 좋아요? 뭐가 나빠요?

2. 한국이 여러분 나라하고 뭐가 달라요?

3. 한국하고 여러분 나라 중에서 어디가 더 추워요/
   더워요?

1~2　　p. 36

다음을 듣고 물음에 납하십시오.

8.
여자　맛있는 김치예요. 한번 먹어 보세요.
남자　맵지 않아요?
여자　안 매워요. 아주 맛있어요.

9~10.
남자　어서 오세요. 예쁜 바지가 많아요.
여자　입어 볼 수 있어요?
남자　짧은 바지, 긴 바지 둘 다 입어 보세요.
여자　네. 음… 긴 바지가 마음에 들어요. 이거 주세요.
남자　현금으로 하실 거예요? 카드로 하실 거예요?
여자　카드로요.
남자　네.

3~4　　p. 60

다음을 듣고 물음에 답하십시오.

8.
남자　방학 때 뭐 할 거예요?

9~10.
여자　어디가 아프세요?
남자　네, 배가 아파요.
여자　혹시 매운 음식을 드셨어요?
남자　네, 매운 음식을 먹었어요.
여자　그럼 오늘은 일찍 집에 가세요. 그리고 푹 쉬세요.
남자　네, 감사합니다.

5~6　　p. 84

다음을 듣고 물음에 답하십시오.

8.
남자　저는 요즘 수업 후에 탁구를 배우러 다녀요. 집 근처 탁구장에 일주일에 세 번 가요. 탁구가 어렵지만 아주 재미있어요.

다음을 듣고 물음에 답하십시오.

9~10.
여자　저기 죄송한데요, 가방을 잃어버렸어요.
남자　그러세요? 어디에서 잃어버리셨어요?
여자　오늘 아침에 지하철역 안에서 잃어버렸어요.
남자　아, 그러세요? 가방이 무슨 색이에요?
여자　까만색 가방이에요.
남자　가방 안에 뭐가 있어요?
여자　지갑하고 여권하고 책이 있어요.
남자　네, 잠깐만요… 혹시 이거예요?
여자　아니요, 이거보다 좀 작아요.
남자　아, 그래요? 그럼 이거예요?
여자　네, 맞아요! 제 거예요!

7~8　　p. 108

다음을 듣고 물음에 답하십시오.

8.
남자　이 근처에 맛있는 식당이 있어요?

9~10.
남자　손님 여러분, 30분 후 뉴욕 공항에 도착합니다. 지금 한국 시간은 오전 10시, 뉴욕 시간은 오후 9시입니다. 뉴욕 날씨가 아주 춥습니다. 두꺼운 옷을 준비하십시오. 그리고 여권, 가방, 필요한 서류를 다시 한번 확인하십시오. 감사합니다.

1 한강 공원이 아주 넓었어요 p. 13~22

문법 p. 14

동-(으)ㄹ 수 있어요/없어요

가 1. 책을 빌릴 수 있어요.
2. 여기에서 자전거를 탈 수 없어요.
3. 강아지하고 같이 들어갈 수 있어요.
4. 일주일 동안 걸을 수 없어요.
5. 사진을 찍을 수 있어요.
6. 같이 놀 수 없어요.

나 1. 네, 같이 한국어 연습할 수 있어요.
2. 아니요, 일찍 일어날 수 없어요.
3. 아니요, 춤을 출 수 없어요.
4. 네, 같이 점심을 먹을 수 있어요.
5. 아니요, 음악을 들을 수 없어요.
6. 네, 같이 놀 수 있어요.

동형-아/어야 해요

가 1. 말하기를 연습해야 해요.
2. 돈을 찾아야 해요.
3. 일찍 일어나야 해요.
4. 식사 후에 약을 먹어야 해요.
5. 30분쯤 기다려야 해요.
6. 방이 커야 해요.

나 1. 박물관에 가야 해요.
2. 한국 노래를 따라 해야 해요.
3. 홍대에 가야 해요.
4. 한국어를 잘해야 해요.
5. 친구 이야기를 들어야 해요.
6. 쉬어야 해요.

형-아/어요①

가 1. 산이 높아요.
2. 사람이 많아요.
3. 방이 커요.

4. 가방이 싸요.
5. 날씨가 추워요.
6. 음식이 맛없어요.

나 1. 가방이 비싸요.
2. 사람이 적어요.
3. 지하철역이 멀어요.
4. 음식이 맛있어요.
5. 날씨가 더워요.
6. 지하철역이 가까워요.

대화 p. 18

가 1. 좋아요.
2. 다른
3. 많았어요.
4. 만들어야
5. 탔어요.
6. 넓었어요.

읽고 말하기 p. 19

가 1. 편해요.
2. 친절해요.
3. 모두
4. 마음에 들어요.
5. 불편해요.

나 1. 가브리엘 씨가 정민 씨한테 이메일을 썼어요.
2. 가브리엘 씨는 서울 생활이 아주 마음에 들어요.
3. 가브리엘 씨는 요즘 시간이 없어요. 그래서 축구할 수 없어요.
4. 가브리엘 씨는 방학 때 새 집을 찾아야 해요. 왜냐하면 지금 집이 좀 불편해요.
5. 가브리엘 씨는 정민 씨하고 한국어로 이야기하고 싶어요. 그리고 같이 축구도 하고 싶어요.

다 1. 생활
    2. 재미있어요.
    3. 복습해야
    4. 찾아야
    5. 요리할
    6. 건강

듣고 말하기   p. 21

가 1. 부동산
    2. 가격
    3. 늦게까지
    4. 글쎄요.

나 1. 가브리엘 씨가 지금 부동산에 가야 해요.
    2. 가브리엘 씨 지금 집이 학교에서 좀 멀어요. 그래서 이사하
       고 싶어요.
    3. 가브리엘 씨는 신촌 역에서 잠실 역까지 지하철로 가요.
       잠실 역에서 집까지 버스를 또 타야 해요.
    4. 바야르 씨는 학교 앞에 살아요. 아주 좋아요.
    5. 집에서 학교가 가까워요. 그럼 아침에 늦게까지 잘 수 있어요.

다 1. 가야
    2. 멀어요.
    3. 어때요?
    4. 가격
    5. 가까워요.
    6. 찾을

2   가벼운 노트북 없어요?   p. 23~32

문법   p. 24

형-아/어요②

가 1. 길어요.
    2. 달라요.
    3. 느려요.
    4. 무거워요.
    5. 시끄러워요.
    6. 쉬워요.

형-(으)ㄴ 명

가 1. 느린 버스
    2. 조용한 도서관
    3. 짧은 바지
    4. 긴 스카프
    5. 가벼운 가방
    6. 맛있는 음식

나 1. 큰 / 작은
    2. 따뜻한 / 시원한
    3. 큰 / 공원에서 가까운
    4. 슬픈 / 무서운
    5. 유명한 / 맛있는
    6. 조용한 / 예쁜

동 형-지 않아요

가 1. 학생이 많지 않아요.
    2. 방이 크지 않아요.
    3. 머리가 길지 않아요.
    4. 가방이 무겁지 않아요.
    5. 밤에 커피를 마시지 않아요.
    6. 음악을 듣지 않아요.

나 1. 커피를 좋아하지 않아요.
    2. 오늘 운동하지 않아요.
    3. 도서관에 가지 않아요.
    4. 영화를 보지 않아요.
    5. 아침을 먹지 않아요.
    6. 서울에서 살지 않아요.

동-아/어 보세요

가 1. 한번 먹어 보세요.
    2. 한번 마셔 보세요.
    3. 한번 가 보세요.

4. 한번 입어 보세요.

5. 한번 써 보세요.

6. 한번 들어 보세요.

나 1. 동대문 시장에 가 보세요.

2. 한강 공원에 가 보세요.

3. 북한산에서 등산해 보세요.

4. 불고기를 먹어 보세요.

5. 태권도를 배워 보세요.

6. '해리포터'를 보세요.

대화 p. 28

가 1. 찾으세요?

2. 가벼운

3. 맵지

4. 맛있게

5. 입어

6. 커요.

읽고 말하기 p. 29

가 1. 시장

2. 거리

3. 꽃

4. 놀았어요.

5. 선물

나 1. 남대문 시장은 큰 시장이에요.

2. 남대문 시장에서 한국 여행 선물을 살 수 있어요.

  맛있는 한국 음식도 먹을 수 있어요.

3. 남대문 시장 근처에 명동, 남산이 있어요.

4. 홍대 거리는 아주 재미있는 곳이에요.

5. 홍대 거리에서 노래를 들을 수 있어요. 그리고 춤도 볼

  수 있어요. 싼 옷을 살 수 있어요. 그리고 예쁜 액세서리

  도 살 수 있어요.

6. 예 저는 남대문 시장에 가고 싶어요. 왜냐하면 한국

여행 선물을 사고 싶어요.

  예 저는 홍대 거리에 가고 싶어요. 버스킹을 보고 싶어

  요. 그리고 친구하고 놀고 싶어요.

다 1. 가게

2. 먹을

3. 가까워요.

4. 재미있는

5. 예쁜

6. 가야

듣고 말하기 p. 31

가 1. 월세

2. 위치

3. 냉장고

4. 그럼요.

나 1. 가브리엘 씨는 깨끗한 방을 찾아요.

2. 원룸 안에 침대, 책상, 냉장고, 에어컨, 세탁기가 있어요.

3. 원룸 위치가 서강대 바로 앞이에요.

4. 고시원 방이 아주 깨끗해요. 그런데 좀 작아요.

5. 고시원에서 학교까지 버스로 10분쯤 걸려요. 걸어서

  20분쯤 걸려요.

6. 예 저는 원룸이 마음에 들어요. 왜냐하면 학교 바로

  앞이에요. 학교가 아주 가까워요.

  예 저는 고시원이 마음에 들어요. 왜냐하면 가격이 싸

  요. 그리고 깨끗해요.

다 1. 깨끗한

2. 커요.

3. 바로

4. 싼

5. 새

6. 멀지

1~2 복습　　　p. 33~36

복습　p. 33

가

통-(으)ㄹ 수 있어요/없어요			
운전하다	운전할 수 있어요	먹다	먹을 수 있어요
가다	갈 수 있어요	듣다✪	들을 수 있어요
마시다	마실 수 있어요	만들다✪	만들 수 있어요

통 형-아/어야 해요			
일하다	일해야 해요	걷다✪	걸어야 해요
찾다	찾아야 해요	쓰다✪	써야 해요
읽다	읽어야 해요	다르다✪	달라야 해요

형-아/어요			
조용하다	조용해요	크다✪	커요
높다	높아요	덥다✪	더워요
느리다	느려요	다르다✪	달라요

형-ㄴ/은 명			
깨끗하다	깨끗한	길다✪	긴
비싸다	비싼	어렵다✪	어려운
작다	작은	맛있다✪	맛있는

통 형-지 않아요			
비싸다	비싸지 않아요	달다	달지 않아요
마시다	마시지 않아요	짧다	짧지 않아요
먹다	먹지 않아요	듣다	듣지 않아요

통-아/어 보세요			
가다	가 보세요	듣다✪	들어 보세요
마시다	마셔 보세요	쓰다✪	써 보세요
입다	입어 보세요	보다✪	보세요

나　1. 부동산
　　2. 유명한

3. 선물을
4. 생활이
5. 찾을

다　1. 오늘 같이 식사할 수 있어요?
　　2. 서강대 바로 앞이에요.
　　3. 월세가 얼마예요?
　　4. 그럼요.

퀴즈　p. 35

읽기

1. ②　　2. ③　　3. ②　　4. ④
5. ③　　6. ②　　7. ③

듣기

8. ②　　9. ④　　10. ①

말하기

모범 답안

> 집에 침대, 책상, 옷장, 냉장고, 에어컨, 세탁기가 있어요.
> 집이 아주 깨끗해요. 작지 않아요. 부엌이 있어요. 그래서
> 요리할 수 있어요.

3 우리 같이 서울을 구경할까요?　p. 37~46

문법　p. 38

명하고

가　1. 김밥하고 떡볶이를 먹어요.
　　2. 커피하고 녹차가 있어요.
　　3. 식당하고 카페에 갔어요.
　　4. 반지하고 귀걸이를 살 거예요.

나　1. 빵하고 과일을 먹어요.
　　2. 밥하고 김치찌개를 먹었어요.
　　3. 영어하고 스페인어를 할 수 있어요.

4. 가방하고 핸드폰을 받고 싶어요.

5. 책상하고 침대가 있어요.

6. 부산하고 제주도에 갈 거예요.

동 형 -고(현재)

가 1. 운동하고 샤워해요.

2. 책을 읽고 커피를 마셔요.

3. 음악을 듣고 춤을 춰요.

4. 음식을 만들고 설거지해요.

나 1. 식사하고 텔레비전을 봐요.

2. 친구를 만나고 산책해요.

3. 커피를 마시고 숙제해요.

4. 게임하고 운동해요.

5. 크고 학교에서 가까워요.

6. 싸고 맛있어요.

동 형 -고(과거)

가 1. 숙제하고 친구를 만났어요.

2. 영화를 보고 산책했어요.

3. 점심을 먹고 운동했어요.

4. 공원에서 걷고 커피를 마셨어요.

나 1. 저녁을 먹고 텔레비전을 봤어요.

2. 조깅하고 아침을 먹었어요.

3. 청소하고 쉬었어요.

4. 친구들하고 노래하고 춤을 췄어요.

5. 일하고 여행했어요.

6. 학교에 다니고 아르바이트했어요.

동 -(으)ㄹ까요?①

가 1. 이야기할까요?

2. 영화를 볼까요?

3. 점심을 먹을까요?

4. 사진을 찍을까요?

5. 음악을 들을까요?

6. 쿠키를 만들까요?

나 1. 같이 산책할까요?

　네, 좋아요. 같이 산책해요.

2. 같이 영화 볼까요?

　네, 좋아요. 같이 봐요.

3. 같이 먹으러 갈까요?

　네, 좋아요. 같이 가요.

4. 같이 공부할까요?

　미안해요. 다른 약속이 있어요.

5. 같이 놀까요?

　미안해요. 아르바이트하러 가야 해요.

6. 같이 여행 갈까요?

　미안해요. 고향에 가요.

대화 　p. 42

가 1. 글쎄요.

2. 구경할까요?

3. 등산할까요?

4. 미안해요.

5. 점심 먹을까요?

6. 산책해요.

읽고 말하기 　p. 43

가 1. 나무

2. 놀러

3. 좋아요/좋았어요.

4. 대답해요.

5. 맛있게

나 1. 앤디 씨는 어제 월드컵 공원에 갔어요.

2. 월드컵 공원은 넓었어요. 나무도 많고 꽃도 아름다웠어요.

3. 앤디 씨하고 친구들은 월드컵 공원에서 점심을 맛있게 먹었어요. 그다음에 공원에서 산책을 하고 사진을 찍었어요. 그리고 다 같이 게임을 했어요.

4. 앤디 씨가 게임에서 이겼어요. 그래서 기분이 좋았어요.

5. 앤디 씨는 "네, 좋아요. 다음에 우리 둘이서만 와요."라
고 대답했어요.

다 1. 넓었어요.
2. 아름다웠어요.
3. 다 같이
4. 이겼어요.
5. 둘이서만

듣고 말하기 p. 45

가 1. 무료
2. 다양한
3. 축제
4. 공연해요.

나 1. 지훈 씨는 금요일에 학교 축제에 갈 거예요.
2. 서강대 축제가 아주 재미있어요.
3. 서강대 축제에서 한국 음식도 먹을 수 있고, 세계 여러
나라 음식도 먹을 수 있어요.
4. 지훈 씨하고 완 씨는 축제에서 같이 게임도 하고, 맛있는
음식도 먹고, 공연도 볼 거예요.
5. 두 사람은 4시에 학교 정문 앞에서 만날 거예요.

다 1. 특별한
2. 어때요?
3. 다양한
4. 유명한
5. 시작해요?
6. 만날까요?

4 언제 한국에 오셨어요? p. 47~56

문법 p. 48

동 형 -(으)세요②

가 1. 운동하세요.

2. 뉴스를 보세요.
3. 많이 피곤하세요.
4. 신문을 읽으세요.
5. 공원에서 걸으세요.
6. 부산에 사세요.

나 1. 7시에 일어나요.
2. 11시에 자요.
3. 빵하고 과일을 먹어요.
4. 네, 한국어로 말해요.
5. 체육관에 있어요.
6. 네, 우산 있어요.

동 형 -(으)셨어요

가 1. 운동하셨어요.
2. 영화를 보셨어요.
3. 바쁘셨어요.
4. 한복을 입으셨어요.
5. 음악을 들으셨어요.
6. 쿠키를 만드셨어요.

나 1. 오늘 6시 반에 일어났어요.
2. 어제 7시까지 일했어요.
3. 어제 11시에 잤어요.
4. 오늘 두 잔 마셨어요.
5. 윤호 씨한테 말했어요.
6. 휴게실에 있었어요.

다

	-(으)세요	-(으)셨어요
사무실에서 일하다	일하세요	일하셨어요
불고기를 좋아하다	좋아하세요	좋아하셨어요
뉴스를 보다	보세요	보셨어요
집에서 쉬다	쉬세요	쉬셨어요
한국어를 가르치다	가르치세요	가르치셨어요
바쁘다	바쁘세요	바쁘셨어요
많이 피곤하다	피곤하세요	피곤하셨어요

한복을 입다	입으세요	입으셨어요
은행에서 돈을 찾다	찾으세요	찾으셨어요
신문을 읽다	읽으세요	읽으셨어요
비자를 받다	받으세요	받으셨어요
음악을 듣다✪	들으세요	들으셨어요
공원에서 걷다✪	걸으세요	걸으셨어요
서울에 살다✪	사세요	사셨어요
빵을 먹다 / 커피를 마시다	드세요	드셨어요
말하다	말씀하세요	말씀하셨어요
방에서 자다	주무세요	주무셨어요
회사에 있다	계세요	계셨어요
집에 없다	안 계세요	안 계셨어요

어휘 p. 51

가 1. 머리 2. 눈 3. 목 4. 팔
5. 다리 6. 발 7. 귀 8. 코
9. 입 10. 어깨 11. 손 12. 배
13. 무릎

대화 p. 52

가 1. 드셨어요?
2. 좋아하세요?
3. 좋으세요.
4. 아프세요?
5. 주문하셨어요?
6. 오셨어요?

읽고 말하기 p. 53

가 1. 간식
2. 비가 와요.
3. 날씨
4. 친한 친구

5. 조금 후

나 1. 미나 씨 가족은 일요일에 보통 집 근처 공원에 가요. 거기에서 산책하고 운동도 해요.
2. 오늘 날씨가 안 좋아요. 비가 오고 바람도 많이 불어요.
3. 미나 씨 할머니하고 할아버지는 방에 계세요. 할머니는 주무세요. 할아버지는 할머니 옆에서 책을 읽으세요.
4. 미나 씨는 지금 친한 친구하고 전화해요.
5. 미나 씨 어머니는 드라마를 아주 좋아하세요.
6. 미나 씨 아버지는 간식을 만드세요.

다 1. 비가 와요.
2. 불어요.
3. 건강
4. 읽으세요.
5. 계세요.
6. 만드세요.

듣고 말하기 p. 55

가 1. 내과
2. 갔다 올 거예요.
3. 푹 쉬세요.
4. 시험을 봐요.

나 1. 앤디 씨는 지난주에 많이 아팠어요. 그래서 학교에 안 갔어요.
2. 앤디 씨는 지난주에 집 근처 내과에 갔어요.
3. 네, 앤디 씨는 아직 목이 좀 아파요.
4. 다음 주에 시험을 볼 거예요. 그런데 앤디 씨는 공부 안 했어요. 그래서 걱정해요.
5. 내일 수업 시간에 복습할 거예요.

다 1. 오셨어요?
2. 열
3. 목
4. 괜찮으세요?

121

5. 따뜻한

6. 나으세요.

3~4 복습 　 p. 57~60

복습 p. 57

가

명하고			
김치 + 불고기	김치하고 불고기	밥 + 국	밥하고 국
친구 + 부모님	친구하고 부모님	한국 + 미국	한국하고 미국

동 형-고			
운동하다 + 샤워하다	운동하고 샤워해요	책을 읽다 + 쉬다	책을 읽고 쉬었어요
영화를 보다 + 자다	영화를 보고 자요	덥다 + 비가 오다	덥고 비가 왔어요
밥을 먹다 + 일하다	밥을 먹고 일해요	음식을 만들다 + 청소하다	음식을 만들고 청소했어요

동-(으)ㄹ까요?			
산책하다	산책할까요?	찍다	찍을까요?
가다	갈까요?	걷다✪	걸을까요?
먹다	먹을까요?	만들다✪	만들까요?

동 형-(으)세요②			
바쁘다	바쁘세요	먹다✪	드세요
일하다	일하세요	자다✪	주무세요
걷다✪	걸으세요	말하다✪	말씀하세요
살다✪	사세요	있다✪	계세요

동 형-(으)셨어요			
바쁘다	바쁘셨어요	먹다✪	드셨어요
일하다	일하셨어요	자다✪	주무셨어요
걷다✪	걸으셨어요	말하다✪	말씀하셨어요
살다✪	사셨어요	있다✪	계셨어요

나 1. 날씨가

2. 이겼어요.

3. 다양한

4. 다 같이

5. 감기에 걸렸어요.

다 1. 커피 한잔할까요?

2. 아직 잘 모르겠어요.

3. 얼굴이 안 좋으세요.

4. 푹 쉬세요.

퀴즈 p. 59

읽기

1. ① 　 2. ③ 　 3. ① 　 4. ③

5. ④ 　 6. ㉠ → ㉢ → ㉣ → ㉡

7. ③

듣기

8. ① 　 9. ② 　 10. ④

말하기

모범 답안

> 오늘 날씨가 안 좋아요. 비가 오고 바람도 많이 불어요. 그래서 가족들이 모두 집에 있어요.
>
> 미나 씨는 방에서 친구하고 전화해요. 할머니하고 할아버지는 방에 계세요. 할머니는 주무세요. 할아버지는 책을 읽으세요.
>
> 어머니는 거실에서 드라마를 보세요. 언니는 거실에서 요가를 해요. 아버지는 부엌에 계세요. 점심을 준비하세요.

5 스키 탈 줄 알아요? 　 p. 61~70

어휘 p. 62

운동과 악기

가 1. 수영을 하다

2. 탁구를 치다

3. 자전거를 타다

4. 스케이트를 타다

5. 야구를 하다

6. 테니스를 치다

7. 하모니카를 불다

8. 기타를 치다

문법 p. 63

동-(으)ㄹ 줄 알아요/몰라요

가 1. 운전할 줄 알아요.

2. 수영할 줄 몰라요.

3. 한자를 읽을 줄 알아요.

4. 자전거를 탈 줄 몰라요.

5. 하모니카를 불 줄 알아요.

6. 김밥을 만들 줄 몰라요.

나 1. 네, 수영할 줄 알아요.

2. 아니요, 태권도 할 줄 몰라요.

3. 아니요, 테니스 칠 줄 몰라요.

4. 네, 스키 탈 줄 알아요.

5. 아니요, 기타 칠 줄 몰라요.

6. 네, 불고기를 만들 줄 알아요.

동-거나

가 1. 수영하거나 테니스를 쳐요.

2. 춤을 추거나 노래해요.

3. 책을 읽거나 텔레비전을 봐요.

4. 음악을 듣거나 요리해요.

나 1. 운동하거나 게임해요.

2. 혼자 영화를 보거나 책을 읽어요.

3. 맛있는 음식을 먹거나 노래방에 가요.

4. 태권도를 배우거나 아르바이트하고 싶어요.

5. 친구들을 만나거나 가족하고 식사할 거예요.

6. 부산에 가거나 집에서 쉴 거예요.

동형-지만

가 1. 한국어가 어렵지만 재미있어요.

2. 갈비가 비싸지만 맛있어요.

3. 집이 멀지만 커요.

4. 피아노를 칠 줄 모르지만 기타를 칠 줄 알아요.

나 1. 비싸지만 맛있어요.

2. 힘들지만 재미있어요.

3. 학교에서 가깝지만 조금 작아요.

4. 재미있지만 문법이 어려워요.

5. 맛있지만 조금 매워요.

6. 수영을 할 줄 알지만 스키를 탈 줄 몰라요.

대화 p. 66

가 1. 때

2. 어떤

3. 칠까요

4. 어렵지만

5. 배우러 다녀요.

6. 나중에

읽고 말하기 p. 67

가 1. 학원에 다닙니다.

2. 전공합니다.

3. 특히

4. 이해할

5. 여러 가지

나 1. 김지훈 씨는 신문방송학을 전공했습니다.

2. 네, 김지훈 씨는 영어를 잘합니다. 영어 뉴스를 듣고 이해할 수 있습니다.

3. 김지훈 씨는 중국어 학원에서 중국어를 배웠습니다.

4. 네, 김지훈 씨는 컴퓨터 프로그램을 잘 사용하고 편집도 잘합니다.

5. 예 김지훈 씨는 SG 방송국에서 일할 수 있습니다. 왜

냐하면 영어하고 중국어를 잘하고 컴퓨터 프로그램을 잘 사용하고 편집도 잘합니다.

다　1. 자기소개서
　　2. 인턴
　　3. 관심
　　4. 동안
　　5. 사용할
　　6. 부탁드립니다.

듣고 말하기　p. 69

가　1. 퇴근
　　2. 일주일
　　3. 소개해 줄
　　4. 출구

나　1. 수잔 씨는 지난달에 테니스를 시작했어요.
　　2. 테니스장이 수잔 씨 회사 근처에 있어요.
　　3. 테니스장이 참 좋아요. 그리고 선생님도 친절하세요.
　　4. 수잔 씨는 보통 아침 일찍 가거나 퇴근 후에 가요.
　　5. 수잔 씨는 신촌 역 2번 출구에서 투안 씨를 만날 거예요.

다　1. 시작하셨어요?
　　2. 근처
　　3. 친절하세요.
　　4. 몇 번
　　5. 일찍
　　6. 그럼요.

6　이거보다 더 긴 우산이에요　p. 71~80

문법　p. 72

동-고 있어요

가　1. 청소하고 있어요.
　　2. 이를 닦고 있어요.
　　3. 거울을 보고 있어요.
　　4. 점심을 먹고 있어요.
　　5. 손을 씻고 있어요.
　　6. 음악을 듣고 있어요.

나　1. 노래하고 있어요.
　　2. 춤을 추고 있어요.
　　3. 그림을 그리고 있어요.
　　4. 한국어를 가르치고 있어요.
　　5. 음악을 듣고 있어요.
　　6. 하모니카를 불고 있어요.

못 동

가　1. 수영 못 해요.
　　2. 운전 못 해요.
　　3. 돈을 못 찾아요.
　　4. 매운 음식을 못 먹어요.
　　5. 테니스를 못 쳐요.
　　6. 못 걸어요.

나　1. 아니요, 운전 못 해요.
　　2. 아니요, 스키 못 타요.
　　3. 아니요, 아침에 일찍 못 일어나요.
　　4. 아니요, 한국 노래를 못 해요.
　　5. 아니요, 같이 등산하러 못 가요.
　　6. 아니요, 어제 시험 준비 많이 못 했어요.

명보다 더

가　1. 북한산이 남산보다 더 높아요.
　　2. 비빔밥이 김밥보다 더 비싸요.
　　3. 읽기 시험이 듣기 시험보다 더 쉬워요.
　　4. 편의점이 식당보다 더 가까워요.
　　5. 8월이 6월보다 더 더워요.
　　6. 코트가 패딩보다 더 얇아요.

나　1. 사과가 바나나보다 더 맛있어요.
　　2. 축구가 야구보다 더 재미있어요.
　　3. 듣기가 읽기보다 더 어려워요.

4. 제주도가 부산보다 더 좋아요.

5. 12월이 10월보다 더 추워요.

6. 미나 씨가 수잔 씨보다 더 머리가 길어요.

대화 p. 76

가 1. 거기

2. 숙제하고

3. 못

4. 바빴어요.

5. 무슨

6. 긴

읽고 말하기 p. 77

가 1. 빨리

2. 물어봤어요.

3. 천천히

4. 그때

5. 웃었어요.

나 1. 토끼는 친구를 만나러 가고 있었어요.

2. 토끼가 "거북 씨는 아주 느려요. 오늘 할머니 집에 도착할 수 있어요?"라고 말했어요. 그리고 크게 웃었어요. 그래서 기분이 나빴어요.

3. 처음에 토끼가 빨랐어요.

4. 토끼는 '재미없어요. 거북 씨는 정말 느려요.'라고 생각했어요. 그래서 낮잠을 잤어요.

5. 거북이 토끼보다 더 빨리 산에 도착했어요. 거북이 이겼어요. 그래서 기분이 좋았어요.

다 1. 걸어가고

2. 느려요.

3. 달리기할까요?

4. 뛰어갔어요.

5. 생각했어요.

6. 불렀어요.

7. 이겼어요.

듣고 말하기 p. 79

가 1. 학생증

2. 거기

3. 잃어버렸어요.

4. 유실물 센터

나 1. 왜냐하면 완 씨가 지갑을 잃어버렸어요. 그래서 지갑을 찾고 있었어요.

2. 완 씨가 신촌 역에서 지갑을 찾고 있었어요.

3. 완 씨 지갑은 작은 지갑이에요. 까만색이에요.

4. 완 씨 지갑 안에 학생증하고 카드하고 돈이 있어요.

5. 유실물 센터가 시청 역에 있어요.

다 1. 찾고

2. 물어보세요.

3. 죄송한데요,

4. 작은

5. 이거예요?

6. 받을 거예요.

5~6 복습 p. 81~84

복습 p. 81

가

图-(으)ㄹ 줄 알아요/몰라요			
수영하다	수영할 줄 알아요	읽다	읽을 줄 알아요
쓰다	쓸 줄 알아요	걷다◎	걸을 줄 알아요
먹다	먹을 줄 알아요	만들다◎	만들 줄 알아요

图-거나			
자다/쉬다	자거나 쉬어요	읽다/ 공부하다	읽거나 공부해요
마시다/ 이야기하다	마시거나 이야기해요	듣다/ 숙제하다	듣거나 숙제해요

찍다/ 산책하다	찍거나 산책해요	놀다/ 춤을 추다	놀거나 춤을 춰요
동 형 -지만			
스키를 타다 ↔ 스노보드를 안 타다	스키를 타지만 스노보드를 안 타요	한국어가 재미있다↔ 어렵다	한국어가 재미있지만 어려워요
게임을 좋아하다↔ 운동을 싫어하다	게임을 좋아하지만 운동을 싫어해요	김치가 맵다 ↔ 맛있다	김치가 맵지만 맛있어요
컴퓨터가 비싸다↔ 좋다	컴퓨터가 비싸지만 좋아요	축구를 할 줄 알다↔ 농구를 할 줄 모르다	축구를 할 줄 알지만 농구를 할 줄 몰라요
동 -고 있어요			
운전하다	운전하고 있어요	찍다	찍고 있어요
보다	보고 있어요	듣다	듣고 있어요
찾다	찾고 있어요	살다	살고 있어요
못 동			
수영하다	수영 못 해요	먹다	못 먹어요
가다	못 가요	걷다✪	못 걸어요
받다	못 받아요	쓰다✪	못 써요

나 1. 고등학교를

2. 불렀어요.

3. 옛날

4. 뛰어갔어요.

5. 프로그램을

다 1. 내일은 어때요?

2. 저기 죄송한데요,

3. 알겠어요.

4. 잠깐만요.

[퀴즈] · p. 83

읽기

1. ②   2. ①   3. ④   4. ①

5. ④   6. ④   7. ②

듣기

8. ③   9. ③   10. ①

말하기

모범 답안

> 어느 날 토끼하고 거북이 길에서 만났어요. 토끼가 거북한테 "거북 씨, 너무 느려요."라고 말했어요. 그래서 거북이 토끼한테 "우리 저기 산까지 달리기할까요?"라고 말했어요.
>
> ↓
>
> 토끼하고 거북은 달리기를 시작했어요. 토끼가 거북보다 빨랐어요.
>
> ↓
>
> 토끼가 '거북 씨는 정말 느려요. 잠깐 낮잠을 잘 거예요.'라고 생각했어요. 하지만 거북은 쉬지 않았어요.
>
> ↓
>
> 얼마 후 토끼가 일어났어요. 그런데 거북이 산 위에 있었어요. 거북이 이겼어요.

7 맛집 좀 추천해 주세요   p. 85~94

[문법] p. 86

동 -아/어 주세요

가 1. 포장해 주세요.

2. 창문을 닫아 주세요.

3. 기다려 주세요.

4. 에어컨을 켜 주세요.

5. 이름을 써 주세요.

6. 도와 주세요.

나 1. 창문 좀 열어 주세요.

2. 가르쳐 주세요.

3. 빌려 주세요.

4. 기다려 주세요.

5. 고쳐 주세요.

6. 다시 말씀해 주세요.

동-아/어 드릴게요

가 1. 계산해 드릴게요.

2. 커피를 사 드릴게요.

3. 사진을 찍어 드릴게요.

4. 가방을 들어 드릴게요.

5. (5층을) 눌러 드릴게요.

6. 도와 드릴게요.

나 1. 에어컨을 꺼 드릴게요.

2. 댄스 교실을 소개해 드릴게요.

3. 불을 켜 드릴게요.

4. 점심을 사 드릴게요.

5. 우산을 빌려 드릴게요.

6. 도와 드릴게요.

동-아/어 봤어요

가 1. 외국에서 운전해 봤어요.

2. 찜질방에 가 봤어요.

3. 막걸리를 마셔 봤어요.

4. 한복을 입어 봤어요.

5. 한국 노래를 들어 봤어요.

6. 한국 영화를 봤어요.

나 1. B 네, 해 봤어요

2. B 아니요, 못 해 봤어요.

3. B 아니요, 못 해 봤어요.

4. A 유명한 사람을 만나 봤어요?

   B 네, 만나 봤어요.

5. A 한국 책을 읽어 봤어요?

   B 아니요, 못 읽어 봤어요.

6. A 김치를 만들어 봤어요?

   B 네, 만들어 봤어요.

	동-아/어 주세요	동-아/어 드릴게요
청소하다	청소해 주세요	청소해 드릴게요
사다	사 주세요	사 드릴게요
찍다	찍어 주세요	찍어 드릴게요
가르치다	가르쳐 주세요	가르쳐 드릴게요
듣다✪	들어 주세요	들어 드릴게요
쓰다✪	써 주세요	써 드릴게요
굽다✪	구워 주세요	구워 드릴게요
자르다✪	잘라 주세요	잘라 드릴게요

	동-아/어 봤어요
운전하다	운전해 봤어요
만나다	만나 봤어요
읽다	읽어 봤어요
가르치다	가르쳐 봤어요
듣다✪	들어 봤어요
쓰다✪	써 봤어요
자르다✪	잘라 봤어요
보다✪	봤어요

대화　p. 90

가 1. 자리 좀 바꿔 주세요.

2. 추천해 주세요.

3. 이따가

4. 먹어 보셨어요?

5. 알려 드릴게요.

읽고 말하기　p. 91

가 1. 언제든지

2. 먼저

3. 넣어요/넣습니다.

4. 짠

5. 며칠 후

나 1. 완 씨는 지난 주말에 반 친구들하고 미나 씨 집에 놀러
      갔어요.
   2. 미나 씨 어머니가 완 씨한테 불고기를 가르쳐 줬어요.
   3. 먼저 간장에 설탕, 참기름, 마늘을 넣고 섞어요. 그리고
      소고기에 그 간장을 넣고 30분쯤 기다려요. 그다음에
      고기를 당근, 양파, 파하고 같이 볶아요.
   4. 완 씨 불고기는 조금 짰지만 미나 씨 어머니 불고기는
      달고 아주 맛있었어요.
   5. 두 사람은 다음에 태국 음식을 만들 거예요.

다 1. 부탁했습니다.
   2. 섞었습니다.
   3. 볶았습니다.
   4. 달고
   5. 기뻤습니다.

듣고 말하기 p. 93

가 1. 시킬까요?
   2. 굽고
   3. 배가 고파요.
   4. 2인분

나 1. 바야르 씨는 삼겹살을 먹어 봤지만 가브리엘 씨는 못 먹
      어 봤어요.
   2. 가브리엘 씨는 지금 배가 너무 고파요. 그래서 빨리 식
      사하고 싶어요.
   3. 반찬을 더 먹고 싶어요. 그럼 셀프 코너에서 가지고 와
      야 해요.
   4. 식사 메뉴에 냉면하고 된장찌개가 있어요.
   5. 직원이 "제가 잘라 드릴게요."라고 말했어요.

다 1. 주문하시겠어요?
   2. 먹어
   3. 시킬까요?
   4. 가지고
   5. 드셔 보세요.

6. 나왔습니다.

8 말하기 수업이 재미있어서 좋았어요 p. 95~104

문법 p. 96

동 형 -아/어서

가 1. 떡볶이를 좋아해서 자주 먹어요.
   2. 머리가 아파서 약을 먹었어요.
   3. 시간이 없어서 숙제를 못 했어요.
   4. 내일 친구가 한국에 와서 공항에 가야 해요.

나 1. 어제 늦게 자서 피곤해요.
   2. 늦게 일어나서 안/못 먹었어요.
   3. 버스를 잘못 타서 늦게 왔어요.
   4. 시험을 잘 봐서 기분이 좋아요.
   5. 아파서 학교에 안/못 갔어요.
   6. 한국 친구하고 이야기하고 싶어서 한국어를 배워요.

동 형 -지요?

가 1. 한국 음악을 좋아하지요?
   2. 한국어 공부가 재미있지요?
   3. 서울에 카페가 많지요?
   4. 요즘 바쁘지요?
   5. 어제 7과를 배웠지요?
   6. 어제 숙제가 있었지요?

나 1. 좋지요?
   2. 바쁘지요?
   3. 재미있지요?
   4. 좋아하지요?
   5. 도서관에 가지요?
   6. 일찍 잤지요?

동 -(으)려고 해요

가 1. 친구를 만나려고 해요.
   2. 운전을 배우려고 해요.
   3. 한국 책을 읽으려고 해요.

4. 새 집을 찾으려고 해요.

5. 공원에서 걸으려고 해요.

6. 친구들하고 놀려고 해요.

나 1. 카페에서 공부하려고 해요.

2. 집에서 쉬려고 해요.

3. 책을 읽으려고 해요.

4. 아니요, 고향에 가려고 해요.

5. 내년 3월까지 있으려고 해요.

6. 한국에서 일하려고 해요.

[**대화**]　p. 100

가 1. 숙제했지요?

2. 다 못 했어요.

3. 제일

4. 일어나야

5. 빨라요.

6. 여행 가려고

[**읽고 말하기**]　p. 101

가 1. 건물

2. 휴일

3. 가끔

4. 여기저기

5. 즐거워요.

나 1. 앤디 씨는 세 달 전에 한국에 왔어요.

2. 한스 씨는 아주 부지런해요. 오전에 한국어를 배우고 오후에 회사에 가요. 사라 씨는 한국 영화를 아주 좋아해요. 한국 영화 배우 이름을 거의 다 알아요. 하루카 씨는 반에서 한국어를 제일 잘해요. 정말 똑똑하고 친절해요.

3. 왜냐하면 매일 메뉴가 다르고 가격도 싸서 학생 식당에 자주 가요.

4. 앤디 씨는 점심 식사 후에 운동해요. 가끔 가브리엘 씨,

렌핑 씨하고 축구를 하거나 수잔 씨하고 테니스를 쳐요.

5. 앤디 씨는 방학 때 한국 친구들하고 부산에 여행 갈 거예요. 부산에서 여기저기 구경하고 맛있는 음식도 먹으려고 해요.

다 1. 배우러

2. 이야기할

3. 부지런해요.

4. 거의 다

5. 똑똑하고

6. 먹으려고

[**듣고 말하기**]　p. 103

가 1. 그러니까

2. 필요해요?

3. 걱정돼요.

4. 두꺼워서

나 1. 제니 씨는 다음 주 월요일 한국 시간으로 저녁 6시에 도착해요.

2. 요즘 한국 날씨가 많이 추워서 두꺼운 옷을 가지고 와야 해요.

3. 지훈 씨는 제니 씨한테 영어 책을 부탁했어요. 왜냐하면 지훈 씨가 읽고 싶은 책이 있어요.

4. 제니 씨는 준비를 거의 다 했어요.

5. 지훈 씨가 "걱정하지 마세요. 제니 씨는 금방 잘할 거예요."라고 말했어요.

다 1. 출발하지요?

2. 시간

3. 두꺼운

4. 필요한

5. 이따가

6. 금방

7~8 복습　　p. 105~108

복습　p. 105

가

동 -아/어 주세요			
말하다	말해 주세요	듣다✿	들어 주세요
가다	가 주세요	쓰다✿	써 주세요
읽다	읽어 주세요	누르다✿	눌러 주세요

동 -아/어 드릴게요			
청소하다	청소해 드릴게요	끄다✿	꺼 드릴게요
사다	사 드릴게요	돕다✿	도와 드릴게요
빌리다	빌려 드릴게요	자르다✿	잘라 드릴게요

동 -아/어 봤어요			
운전하다	운전해 봤어요	만들다	만들어 봤어요
가다	가 봤어요	듣다✿	들어 봤어요
입다	입어 봤어요	보다✿	봤어요

동 형 -아/어서			
운동하다	운동해서	걷다✿	걸어서
좋다	좋아서	바쁘다✿	바빠서
배우다	배워서	어렵다✿	어려워서

동 형 -지요?			
일하다	일하지요?	먹다	먹지요?
가다	가지요?	배우다	배우지요?
듣다	듣지요?	살다	살지요?

동 -(으)려고 해요			
자다	자려고 해요	듣다✿	들으려고 해요
쉬다	쉬려고 해요	살다✿	살려고 해요
읽다	읽으려고 해요	굽다✿	구우려고 해요

나　1. 공연을

　　2. 부지런해요.

　　3. 알려

　　4. 사다 주세요.

　　5. 어두워요.

다　1. 반찬은 셀프예요.

　　2. 한번 드셔 보세요.

　　3. 준비 다 했어요?

　　4. 메시지로 보낼게요.

퀴즈　p. 107

읽기

1. ③　　2. ②　　3. ①　　4. ①

5. ④　　6. ③　　7. ④

듣기

8. ③　　9. ③　　10. ③

말하기

모범 답안

> 앤디 씨는 세 달 전에 한국에 왔어요. 지금 서강대학교에서 한국어를 공부해요. 앤디 씨 교실은 빨간색 건물 8층에 있어요. 선생님도 친절하고 반 친구들도 좋고 수업도 재미있어요. 그리고 수업 후에 보통 학생 식당에서 점심 식사를 해요. 학생 식당은 매일 메뉴가 다르고 가격이 싸서 앤디 씨가 자주 가요. 시험 전에는 스터디 카페에서 반 친구들하고 같이 공부해요. 한국어 공부가 어렵지만 친구들하고 같이 공부해서 앤디 씨는 즐거워요.

트랙 목차 Track List

트랙 TRACK	과 UNIT	내용 CONTENTS	페이지 PAGE
1	1과	듣고 말하기 나, 다	21, 22
2	2과	듣고 말하기 나, 다	31, 32
3	1~2과 복습	퀴즈	36
4	3과	듣고 말하기 나, 다	45, 46
5	4과	듣고 말하기 나, 다	55, 56
6	3~4과 복습	퀴즈	60
7	5과	듣고 말하기 나, 다	69, 70
8	6과	듣고 말하기 나, 다	79, 80
9	5~6과 복습	퀴즈	84
10	7과	듣고 말하기 나, 다	93, 94
11	8과	듣고 말하기 나, 다	103, 104
12	7~8과 복습	퀴즈	108

시리즈 기획 Series Editor

김성희 Kim Song-hee

집필진 Authors

<서강한국어 초판 Sogang Korean 1B (2000)>

최정순 Choe Jeong-soon
전 배재대학교 국어국문・한국어교육학과 교수
Former Professor, Department of Korean Language,
Literature and Education, Paichai University
서강대학교 국어국문학과 박사
Ph.D. in Korean Linguistics, Sogang University

김지은 Kim Ji-eun
서강대학교 한국어교육원 대우전임강사
Instructor, KLEC, Sogang University
서강대학교 영어영문학과 박사
Ph.D. in English Linguistics, Sogang University

김성희 Kim Song-hee
전 서강대학교 한국어교육원 교학부장
Former Program Director, KLEC, Sogang University
서강대학교 불어불문학과 박사 수료
Ph.D. Candidate in French Linguistics, Sogang University

김현정 Kim Hyun-jung
전 서강대학교 한국어교육원 교학부장
Former Program Director, KLEC, Sogang University
이화여자대학교 불어불문학과 박사
Ph.D. in French Literature, Ewha Womans University

<서강한국어 2판 Sogang Korean New Series 1B (2008)>

김현정 Kim Hyun-jung
전 서강대학교 한국어교육원 교학부장
Former Program Director, KLEC, Sogang University
이화여자대학교 불어불문학과 박사
Ph.D. in French Literature, Ewha Womans University

김보경 Kim Bo-kyung
전 서강대학교 한국어교육원 대우전임강사
Former Instructor, KLEC, Sogang University
상명대학교 한국학과 박사
Ph.D. in Korean Studies, Sangmyung University

김정아 Kim Jeong-a
서강대학교 한국어교육원 대우전임강사
Instructor, KLEC, Sogang University
중앙대학교 노어학과 석사
M.A. in Russian Linguistics, Chung-Ang University

<서강한국어 3판 Sogang Korean 1B Third Edition (2024)>

이석란 Lee Seok-ran
서강대학교 한국어교육원 교수
Professor, KLEC, Sogang University
이화여자대학교 한국학과 한국어교육전공 박사 수료
Ph.D. Candidate in Teaching Korean as a Foreign Language, Ewha
Womans University

구은미 Koo Eun-mi
서강대학교 한국어교육원 대우전임강사
Instructor, KLEC, Sogang University
오사카외국어대학 국제언어사회전공 일본어교육 석사
M.A. in Japanese Language Education, Osaka University of Foreign Studies

홍고은 Hong Ko-eun
서강대학교 한국어교육원 대우전임강사
Instructor, KLEC, Sogang University
서울대학교 국어교육과 한국어교육전공 박사 수료
Ph.D. Candidate in Korean Language Education, Seoul National University

최연재 Choe Yeon-jae
서강대학교 한국어교육원 대우전임강사
Instructor, KLEC, Sogang University
한국외국어대학교 국어국문학과 한국어교육전공 박사 수료
Ph.D. Candidate in Teaching Korean as a Foreign Language, Hankuk
University of Foreign Studies

윤자경 Yun Ja-kyung
서강대학교 한국어교육원 대우전임강사
Instructor, KLEC, Sogang University
서울대학교 국어교육과 한국어교육전공 석사
M.A. in Korean Language Education, Seoul National University

이진주 Lee Jin-ju
서강대학교 한국어교육원 대우전임강사
Instructor, KLEC, Sogang University
서울대학교 국어교육과 한국어교육전공 석사
M.A. in Korean Language Education, Seoul National University

영문 번역 English Translation

카루쓰 데이빗 David Carruth
전문번역가
Korean-English Translator
존브라운대학교 영어영문학과 학사
B.A. in English Literature, John Brown University

영문 감수 English Proofreading

강사희 Kang Sa-hie
미국 미들베리칼리지 한국어교육원 원장 겸 교수
Professor of Korean and Director, School of Korean, Middlebury College
플로리다대학교 언어학 박사
Ph.D. in General Linguistics, University of Florida

외부 자문 Outside Counsel

남애리 Nam Ae-ree
네덜란드 레이던대학교 한국학과 교수
Lecturer, Korean Studies, Leiden University
위스콘신대학교 제2언어습득 박사
Ph.D. in Second Language Acquisition, University of Wisconsin, Madison

백승주 Baek Seung-joo
전남대학교 국어국문학과 교수
Professor, Korean Language and Literature, Chonnam National University
연세대학교 국어국문학과 박사
Ph.D. in Korean Language and Literature, Yonsei University

내부 감수 Internal Editor

김정아 Kim Jeong-a
서강대학교 한국어교육원 대우전임강사
Instructor, KLEC, Sogang University
중앙대학교 노어학과 석사
M.A. in Russian Linguistics, Chung-Ang University

엄혜진 Eom Hye-jin
서강대학교 한국어교육원 대우전임강사
Instructor, KLEC, Sogang University
한양대학교 교육공학 석사
M.A. in Educational Technology, Hanyang University

교정·교열 Copyediting and Proofreading

최선영 Choi Sun-young
서강대학교 한국어교육원 대우전임강사
Instructor, KLEC, Sogang University
이화여자대학교 한국학과 한국어교육전공 석사
M.A. in Korean Language Education, Ewha Womans University

제작진 Staff

디자인·제작 도서출판 하우
Book Design

일러스트 장명진, 이새, 강정연, 이성우
Illustration

출판에 도움을 주신 분 Special Thanks

소중한 도움을 주신 서강대학교 한국어교육원의 선생님들, 학생들 그리고 행정직원 선생님들께 감사의 마음을 전합니다. 그리고 교재 집필 중에 지원과 격려를 아끼지 않은 가족분들과 친구들에게 감사드립니다.

We would like to thank the following people for their valuable assistance: the teachers, students and administrative staff at the Sogang University Korean Education Language Center. We would also like to thank our family and friends for their support and encouragement during the writing of the textbook.

WOKRBOOK 1B

주소　서울시 마포구 백범로 35 서강대학교 한국어교육원
Tel　(82-2) 713-8005
Fax　(82-2) 701-6692
E-mail　jphong@sogang.ac.kr

 서강대학교 한국어교육원
http://klec.sogang.ac.kr

 서강한국어 교사 사이트
http://koreanteachers.org

 여름 특별과정(7-8월)
http://koreanimmersion.org

세트

ISBN	979-11-6748-162-7	서강한국어 STUDENT'S BOOK 1B
	979-11-6748-165-8	서강한국어 STUDENT'S BOOK 1B 영어 문법·단어참고서 (비매품)
	979-11-6748-166-5	서강한국어 STUDENT'S BOOK 1B 중국어 문법·단어참고서
	979-11-6748-167-2	서강한국어 STUDENT'S BOOK 1B 일본어 문법·단어참고서
	979-11-6748-168-9	서강한국어 STUDENT'S BOOK 1B 태국어 문법·단어참고서
	979-11-6748-163-4	서강한국어 WORKBOOK 1B
	979-11-6748-164-1	서강한국어 WRITING BOOK 1B

출판·판매·유통

초판 발행　2024년 8월 22일
펴낸이　박영호
펴낸곳　(주)도서출판 하우
주소　서울시 중랑구 망우로68길 48
Tel　(82-2) 922-7090　　**Fax**　(82-2) 922-7092
홈페이지　http://www.hawoo.co.kr　　**E-mail**　hawoo@hawoo.co.kr
등록번호　제2016-000017호